马克思主义
党的建设基本原理

张荣臣 著

中共中央党校出版社

图书在版编目（CIP）数据

马克思主义党的建设基本原理 / 张荣臣著. -- 北京：中共中央党校出版社，2024.5

ISBN 978-7-5035-7630-0

Ⅰ.①马… Ⅱ.①张… Ⅲ.①马列主义党—党的建设 Ⅳ.①D053

中国国家版本馆 CIP 数据核字（2023）第 204870 号

马克思主义党的建设基本原理

出版统筹	刘　君
责任编辑	卢馨尧
装帧设计	一亩动漫
责任印制	陈梦楠
责任校对	魏学静
出版发行	中共中央党校出版社
地　　址	北京市海淀区长春桥路 6 号
电　　话	（010）68922815（总编室）　（010）68922233（发行部）
传　　真	（010）68922814
经　　销	全国新华书店
印　　刷	中煤（北京）印务有限公司
开　　本	710 毫米 ×1000 毫米　1/16
字　　数	150 千字
印　　张	12.25
版　　次	2024 年 5 月第 1 版　2024 年 5 月第 1 次印刷
定　　价	48.00 元

微信 ID：中共中央党校出版社　　邮　箱：zydxcbs2018@163.com

版权所有·侵权必究
如有印装质量问题，请与本社发行部联系调换

前　言

党的建设是指马克思主义政党实现领导作用的实践过程。但随着马克思主义政党的产生、发展和理论研究的不断深入，党的建设的概念在不断外延。所有党的特定工作部门担负的党的工作，都可称之为党的建设。但我们平常研究意义上所说的党的建设，是指党的学说和党的建设，它是指党为保持自己的性质在政治、思想、组织、作风、纪律等方面的活动，而党的建设原理就是具体阐述其内在含义的理论科学。

党的建设是马克思主义党的学说同党的建设实践的统一。全世界第一个无产阶级政党是1847年马克思、恩格斯建立的共产主义者同盟。《共产党宣言》就是他们为同盟写的一个纲领性文献。在《共产党宣言》中，马克思、恩格斯通过对无产阶级政党的产生和发展，对无产阶级政党在资本主义的历史条件下如何实现自己的奋斗目标的论述，阐述了无产阶级政党的纲领和实现这种目标的策略原则和方法；他们还提出了无产阶级政党内部活动的组织规则，并规定了党员的基本条件。这些论述，从根本上划清了无产阶级政党同各种工人团体的界限，为建立真正现代意义上的无产阶级政党，为无产阶级政党开展反对资本主义制度的斗争提供了强大的思想武器，也奠定了无产阶级政党建设的理论基础。

中国共产党是严格按照马克思列宁主义的建党原则建设起来的无产

阶级先锋队组织。列宁主义的建党原则集中体现在列宁所写的《怎么办》《进一步，退两步》《社会民主党在民主革命中的两种策略》等著作中，这些著作论述了无产阶级政党的思想、组织和策略基础。

"建设什么样的党、怎样建设党"一直是党的建设的一项历史性课题。马克思、恩格斯和列宁等马克思主义经典作家，在研究无产阶级政党产生发展和自身建设规律的基础上，从理论上阐明了无产阶级政党为什么要建党，建立什么样的党以及怎样建设党等根本问题。按照马克思列宁主义的建党思想和原则建立起来的中国共产党，从一开始就是一个马克思列宁主义的政党。在建党实践中，中国共产党从面临的实际情况出发，把党的建设看作一个伟大工程，在斗争中坚持党的性质和宗旨，逐步形成了实事求是的思想路线，形成了理论联系实际的优良传统和作风。正是把马克思列宁主义的普遍真理同中国革命的具体实际相结合，中国共产党才取得了党的建设的成功和新民主主义革命的胜利。

执政党建设是个新话题，研究的是执政的马克思主义政党建设的理论，是关于共产党如何为人民掌好权、用好权的理论，是关于共产党如何在执政中坚持党的领导，改革和完善党的领导方式和执政方式、发挥和增强领导作用的理论。苏共和东欧国家共产党执政的失败给我们敲响警钟，那就是党的先进性和党的执政地位都不是一劳永逸、一成不变的。过去先进不等于现在先进，现在先进不等于永远先进；过去拥有不等于现在拥有，现在拥有不等于永远拥有。

进入改革开放新时期，在当代世界处于和平与发展的时代里，在国际风云变幻的条件下，在当代中国实行改革开放和社会主义现代化建设的伟大变革中，中国共产党人借鉴中国和其他社会主义国家兴衰成败的经验教训，聚精会神地抓党的建设，不断推进党的建设新的伟大工程。在开创和推进党的建设新的伟大工程的进程中，围绕解决好提高党的领

导水平和执政水平、提高拒腐防变和抵御风险能力这两大历史性课题，以执政能力建设和先进性建设为主线，聚精会神抓好党的建设。

今天，中国特色社会主义进入新时代，继续推进新时代党的建设新的伟大工程，就要认真学习马克思列宁主义党的建设基本原理，追溯马克思主义政党保持先进性和纯洁性的理论源头，加深对新时代党的建设规律的认识。这就要求我们牢记中国共产党是什么、要干什么这个根本问题，坚持党的性质、宗旨不动摇，决不在根本性问题上出现颠覆性错误。同时，又要不断进行理论创新，坚持把马克思列宁主义党的建设基本原理同21世纪中国共产党建设的具体实际相结合，推进新时代党的建设新的伟大工程。

目 录

第一章　党的性质 / 1

一、中国工人阶级的先锋队，同时是中国人民和中华民族的先锋队 / 3

二、中国共产党是中国特色社会主义事业的领导核心 / 8

三、中国共产党代表中国先进生产力的发展要求，代表中国先进文化的前进方向，代表中国最广大人民的根本利益 / 12

第二章　党的奋斗目标 / 15

一、党的最高理想和最终目标是实现共产主义 / 17

二、实现共产主义将是一个长期而曲折的历史过程 / 19

三、把远大的理想同在现实中的努力结合起来 / 21

第三章　党的指导思想 / 25

一、马克思主义是我们立党立国、兴党强国的根本指导思想 / 27

二、毛泽东思想是马克思主义中国化的第一次历史性飞跃 / 37

三、邓小平理论、"三个代表"重要思想、科学发展观是马克思主义中国化的理论成果 / 46

四、习近平新时代中国特色社会主义思想实现了马克思主义中国化新的飞跃 / 52

第四章　党的宗旨 / 57

一、全心全意为人民服务是党的根本宗旨 / 59

二、把党的根本宗旨贯穿党的一切活动 / 61

三、始终为中国人民谋幸福，为中华民族谋复兴 / 64

第五章　党的纲领 / 71

一、党的纲领是党公开树立起来的一面旗帜 / 73

二、党在社会主义初级阶段的基本路线 / 75

三、党在社会主义初级阶段的基本纲领 / 77

第六章　党的组织 / 81

一、民主集中制是党的根本组织制度 / 83

二、中国共产党有着严密的组织体系 / 90

三、新时代党的组织路线 / 94

第七章　党员 / 101

一、入党条件 / 103

二、中国共产党党员是共产主义的先锋战士 / 106

三、党员的义务和权利 / 110

第八章　党的干部 / 135

一、党的干部必须具备的基本条件 / 137

二、把好干部标准落到实处 / 142

三、着力培养忠诚干净担当的高素质干部 / 147

第九章　党的纪律 / 151

一、党的纪律的重要性 / 153

二、党的纪律的主要内容 / 157

三、党的纪律处分 / 160

第十章 党的建设的总体布局 / *165*

一、全面推进党的政治建设、思想建设、组织建设、作风建设、纪律建设 / 167

二、把制度建设贯穿党的建设的各方面 / 169

三、深入推进反腐败斗争 / 177

后　记 / *182*

第一章　党的性质

党的性质是党的本质特征的集中体现，是一个政党区别于其他政党的本质属性。马克思、恩格斯在《共产党宣言》中对建立一个无产阶级性质的政党作了论述，列宁在创建新型无产阶级政党的过程中，提出党必须是无产阶级的先锋队。《中国共产党章程》规定："中国共产党是中国工人阶级的先锋队，同时是中国人民和中华民族的先锋队，是中国特色社会主义事业的领导核心，代表中国先进生产力的发展要求，代表中国先进文化的前进方向，代表中国最广大人民的根本利益。"[①]这一论述，从党的阶级性和先进性、党在建设中国特色社会主义事业中的地位等方面，阐明了中国共产党的性质。

---

① 《中国共产党章程》，人民出版社2022年版，第1页。

一、中国工人阶级的先锋队，同时是中国人民和中华民族的先锋队

党性，是指一个政党固有的本质特性，也是一个政党的生命所系、力量所在。政党是把本阶级的利益和思想集中起来又化为行动的政治组织。在为本阶级的利益进行的长期斗争中，高度集中地发展了本阶级的特性，从而形成政党本身的特性，即党性。所以，党性是阶级性最高而集中的表现。

中国共产党第七次全国代表大会通过的党章在总纲中明确："中国共产党，是中国工人阶级的先进的有组织的部队，是它的阶级组织的最高形式。中国共产党代表中国民族与中国人民的利益。它在现阶段为实现中国的新民主主义制度而奋斗。它的最终目的，是在中国实现共产主义制度。"[1] 刘少奇在党的七大上说："我们党之所以获得伟大的成就，在于我们的党从最初建立时起，就是一个完全新式的无产阶级政党，是全心全意为中国人民服务而在最坚固的中国化的马克思列宁主义理论的基础上建立起来的党。"[2] 他解释说，之所以在党章前面加个总纲，是强调凡是党员，都必须承认这个总纲、并以这个总纲作为自己一切活动的准则。我们党有了这个总纲，将更加促进全党的团结与统一。它用简要的文字，说明了我们党的性质与理论；说明了中国革命的性质、动力、任务和特

---

[1] 《中国共产党历次党章汇编（1921—2012）》，中国方正出版社2012年版，第95页。

[2] 《中国共产党历次党章汇编（1921—2012）》，中国方正出版社2012年版，第114页。

点以及我们党在中国革命中的基本方针和我们党所必须具备的条件；还说明了在我们党内不能容许机会主义存在；说明了党内的自我批评，党的群众路线和党的组织原则等。接着，他就我们党的性质进行说明并指出，"我们党的这种性质是不是还有疑问呢？我以为没有疑问了"[①]。为什么刘少奇专门就党的性质作出说明，是因为中国党是生长在一个半殖民地半封建的国家，又长期处在农村环境，党员的主要成分是农民。因此，中国共产党是不是马克思主义所称之为的无产阶级政党，就成为人们头脑中的一大问号，甚至连当年的苏联老大哥都对此产生疑问，被斯大林说成是"人造奶油式的共产党人"。因此，对中国共产党的性质做出科学的、马克思主义的论证，是不可回避的时代需要。刘少奇指出："虽然，现在我们党的主要部分，是处在农村中，党员的绝大多数，是出身于农民和小资产阶级知识分子，工人成份很少，但是将出身于无产者和贫农半无产者的党员合起来算，就占了大多数。我们党今天的这种情形，以及其他的情形，自然在我们党内引起了一系列的重要问题，这就是在党内反映了大量的小生产者的思想意识，甚至资产阶级与封建阶级的思想，也时常经过党内的小资产阶级分子传达到党内来，这就是党内主观主义、宗派主义、党八股及政治上、组织上的机会主义的社会来源。然而，这种情形还不能改变我们党的无产阶级政党的性质。"[②]因为，"仅仅是党员的社会出身，还不能决定一切，决定的东西，是我们党的政治斗争与政治生活，是我们党的思想教育、思想领导与政治领导，而我们党的总纲及党的组织原则，则保障了无产阶级的思想和路线在党内占居统

[①]《中国共产党历次党章汇编（1921—2012）》，中国方正出版社2012年版，第121页。

[②]《中国共产党历次党章汇编（1921—2012）》，中国方正出版社2012年版，第121—122页。

第一章　党的性质

治地位"[1]。他强调,"经过马克思列宁主义的教育,使党内小资产阶级出身的分子实行思想上的彻底改造,改变其原来小资产阶级的本质,使他们具有无产阶级先进战士的性格。经过这样产生、又经过这样锻炼与教育出来的党,与任何资本主义国度内的无产阶级政党比较,至少是毫无愧色的"[2]。

党的工人阶级先锋队的性质的表述,在党章中虽有变化,但根本上是一致的。1956年党的八大是中国共产党执政后召开的第一次代表大会,大会通过的党章第一句话就是:"中国共产党是中国工人阶级的先进部队,是中国工人阶级的阶级组织的最高形式。它的目的是在中国实现社会主义和共产主义。"[3] 1982年党的十二大通过的党章规定:"中国共产党是中国工人阶级的先锋队,是中国各族人民利益的忠实代表,是中国社会主义事业的领导核心。党的最终目标,是实现共产主义的社会制度。"[4] 变化比较大的是2002年党的十六大通过的党章,十六大秘书处负责人答记者问时说:"十六大修改后的党章,将党的性质进一步表述为:中国共产党是中国工人阶级的先锋队,同时是中国人民和中华民族的先锋队,是中国特色社会主义事业的领导核心,代表中国先进生产力的发展要求,代表中国先进文化的前进方向,代表中国最广大人民的根本利益。党的最高理想和最终目标是实现共产主义。这样表述党的性质,切合我们党

---

[1]《中国共产党历次党章汇编(1921—2012)》,中国方正出版社2012年版,第123页。

[2]《中国共产党历次党章汇编(1921—2012)》,中国方正出版社2012年版,第123页。

[3]《中国共产党历次党章汇编(1921—2012)》,中国方正出版社2012年版,第204页。

[4]《中国共产党历次党章汇编(1921—2012)》,中国方正出版社2012年版,第309页。

的历史发展和现实状况，符合时代要求，有利于我们党始终坚持工人阶级先锋队的性质，增强党的阶级基础，有利于拓展党的工作覆盖面，扩大党的群众基础，有利于全党同志更加深刻地认识和落实党所肩负的历史责任，团结和带领全国各族人民万众一心地建设中国特色社会主义。"[1]

党的十六大和此后党的代表大会修改通过的《中国共产党章程》都规定：中国共产党是中国工人阶级的先锋队，同时是中国人民和中华民族的先锋队，是中国特色社会主义事业的领导核心，代表中国先进生产力的发展要求，代表中国先进文化的前进方向，代表中国最广大人民的根本利益。党的最高理想和最终目标是实现共产主义。

中国共产党是中国工人阶级的先锋队，因为政党是阶级的组织。中国共产党是适应中国革命的需要，自觉地建立在中国工人阶级基础之上的，是马克思列宁主义同中国工人运动相结合的产物。中国共产党自1921年建立以来，就一直领导中国工人阶级和最广大人民群众为实现自己的历史使命和自身的解放而奋斗。如果借口时代的变化而否定工人阶级的领导地位，这是十分错误和有害的。我国是工人阶级领导的、以工农联盟为基础的人民民主专政的社会主义国家，这一国家性质决定了工人阶级在国家政治生活中领导阶级的地位。今天，我国的公有制的主体地位没有变，工人阶级作为国家主人翁的经济基础没有变；我国的基本政治制度没有变，工人阶级及其成员仍然依法享有管理国家和社会的各种权利。同时，随着社会现代化程度的加快，工人阶级的队伍不断壮大，科学技术的发展和劳动方式的改变，也推动中国工人阶级的整体素质不断提高，工人阶级仍然是我国社会中同大机器生产相联系的最先进的阶

---

[1] 《中国共产党历次党章汇编（1921—2012）》，中国方正出版社2012年版，第435—436页。

第一章 党的性质

级，不仅仍然保持着原有的阶级特征和优秀品质，而且工人阶级的先进性还将不断发展。

中国共产党也是中国人民和中华民族的先锋队。自觉成为中国人民和中华民族的先锋队，是执政党建设的必然要求。政党的阶级基础和群众基础是政党赖以生存和发展的依托。一个政党能否夺取政权，能否巩固执政地位，关键在于能否得到人民群众的普遍拥护和支持，在于是否有稳固的阶级基础和广泛的群众基础。我们党历经革命、建设和改革，已经从领导人民为夺取全国政权而奋斗的党，成为领导人民掌握全国政权并长期执政的党；已经从受到外部封锁和实行计划经济条件下领导国家建设的党，成为对外开放和发展社会主义市场经济条件下领导国家建设的党。我们必须从中国和世界的历史、现状和未来着眼，准确把握时代特点和党的任务，科学制定并正确执行党的路线方针政策，认真研究和解决推动中国社会进步和加强党的建设的问题。在新的历史条件下，我们党要保持先进性和巩固执政地位，就要不断增强党的阶级基础，扩大党的群众基础。只有自觉成为中国人民和中华民族的先锋队，才能使党充满生机和活力，永葆先锋队本色。所以，党只有自觉成为中国人民和中华民族的先锋队，始终坚持代表全国人民和整个中华民族的利益要求，才能使工人阶级先锋队的性质得以充分体现，才能充分发挥工人阶级先锋队所应有的领导核心作用。

在新的历史时期，要坚持党的性质，必须不断增强党的阶级基础。这是因为，工人阶级的先进性是具体的、历史的，更是发展的。不能把工人阶级在历史上的先进性当作现实中的一个自然过程。随着社会的发展，工人阶级的先进性也要不断发展。社会的发展要求工人阶级始终保持自身的先进性，与时俱进，走在时代前列。只有与时俱进才能始终保持先进性，发挥先进作用。在新的形势下，要继承和发扬工人阶级固有的优秀品质，同时又要培养、形成和发展符合时代要求,体现时代特征的新品质。良好的思想道德素质和科学文化素质,勇于改革创新和开拓进取的精神,强烈的社会责任感和民主参与意识等,都是工人阶级先进性的时代要求。

同样,在新的历史条件下,要坚持党的性质,必须不断扩大党的群众基础。扩大党的群众基础,是我们党发展壮大的重要源泉,也是党增强凝聚力和战斗力的重要途径。在这方面,除了要继续加强对广大人民群众的团结、教育、带领和引导之外,还要充分注意到这样一个事实,就是随着改革开放的深入和经济文化的发展,在社会变革中出现了新社会阶层,即民营科技企业的创业人员和技术人员、受聘于外资企业的管理技术人员、个体户、私营企业主、中介组织的从业人员、自由职业人员等社会阶层。这些新社会阶层,和广大工人、农民、知识分子、军人、干部一样,都是中国特色社会主义事业的建设者。对为祖国富强贡献力量的社会各阶层人们都要团结,对他们的创业精神都要鼓励,对他们的合法权益都要保护,对他们中的优秀分子都要表彰。我们党只有做到这些,才能代表中国先进生产力的发展要求,代表中国先进文化的前进方向,代表中国最广大人民的根本利益,不断增强在全社会的影响力和凝聚力,才能成为中国特色社会主义事业的领导核心。

二、中国共产党是中国特色社会主义事业的领导核心

党章规定:中国共产党是"中国特色社会主义事业的领导核心"①,

---

① 《中国共产党章程》,人民出版社 2022 年版,第 1 页。

这高度概括了社会主义历史时期党在国家和社会政治生活中的地位、作用和党的历史任务。2018年3月11日,第十三届全国人民代表大会第一次会议表决通过了《中华人民共和国宪法修正案》。在宪法第一条第二款"社会主义制度是中华人民共和国的根本制度"后增写一句,"中国共产党领导是中国特色社会主义最本质的特征"[①]。党章和宪法关于党的这一领导地位是全国各族人民在长期奋斗实践中作出的正确选择。

第一,党的领导地位的确立是由党的性质所决定的。中国共产党是中国工人阶级的先锋队,同时是中国人民和中华民族的先锋队。工人阶级是最具有组织纪律性、同社会大生产相联系的最先进的阶级。共产党是工人阶级政党,党是用马克思主义的科学理论武装起来的,有了这样的党,党就能在无产阶级夺取政权、建设社会主义的各个历史阶段上,遵循社会发展的规律,把马克思主义的普遍真理同革命的具体实践结合起来,正确制定各个时期的路线、方针和政策,团结和组织工人阶级和广大人民群众为实现工人阶级的历史使命而奋斗。党的先进性、人民性和民族性,决定了中国的工人阶级和广大人民群众是能够跟着自己的先锋队一同战斗的,决定了中国共产党在中华民族的历史发展中是站在时代前列的,决定了中国共产党在中国特色社会主义事业中是居于领导核心地位的。

第二,党的领导地位的确立,是历史的必然,人民的选择。马克思主义历来强调,工人阶级的解放运动必须由工人阶级的革命政党来领导。共产党的领导是实现工人阶级历史使命的根本保证。中国人民选择共产党的领导,选择走社会主义道路,反映了历史发展的必然。20世纪八九十年代苏联东欧国家的剧变更进一步证明,没有共产党的坚强领导,

---

① 《中华人民共和国宪法》,人民出版社2018年版,第8页。

就不可能巩固和发展社会主义制度。

中国共产党成为中国特色社会主义事业的领导核心不是偶然的，是中国人民革命斗争的历史选择。自1840年鸦片战争以后，中国社会逐步沦为半殖民地半封建社会，中华民族陷入灾难的深渊。为了救亡图存，中国人民进行了无数次的斗争，但结果都失败了。随着中国工人阶级的成长壮大并以独立的政治力量登上中国的政治舞台，以工人阶级为阶级基础建立起了中国共产党。从此以后，中国革命的面貌焕然一新。因为中国共产党把马克思列宁主义与中国革命的具体实践相结合，逐步摸索出一条以农村包围城市、武装夺取政权的道路，经过艰苦卓绝的斗争，领导中国人民取得了新民主主义革命的彻底胜利，建立了人民当家作主的新中国。历史的经验说明，是中国共产党领导中国人民摆脱了帝国主义、封建主义和官僚资本主义的剥削和压迫，使国家走上了独立、自立和民族振兴的道路，没有共产党就没有新中国。

中华人民共和国成立以后，中国共产党成为领导整个国家政权的党。自1954年第一届全国人民代表大会通过第一部中华人民共和国宪法以来，历届宪法都明确了党在国家政治生活中的领导地位和作用。中国人民从历史和现实的切身体验中认识到，中国共产党是一个用先进理论武装的、全心全意为人民服务的党，是一个有能力领导中国人民进一步走向繁荣富强的党。

人民选择了党，党也没有辜负人民的期望。新中国成立后，党领导全国各族人民顺利地实现了从新民主主义革命到社会主义革命的转变，迅速地恢复了遭到长期战争破坏的国民经济，巩固了人民政权，完成了对生产资料所有制的社会主义改造，建立了社会主义制度。1956年党的八大以后，党又领导人民转入大规模的社会主义建设，尽管出现过"文化大革命"这样巨大的失误，但党还是和全国人民一道，经受了挫折和考验，取得了巨大的成就。尤其是党的十一届三中全会以后，在党的领导下，各方面都取得了举世瞩目的伟大成就，经济实力、科技实力、综合国力跃上新的大台阶，全面建成小康社会胜利在望，中华民族伟大复兴向前迈出了新的一大步，社会主义中国以更加雄伟的身姿屹立于世界东方。中国特色社会主义进入新时代，中国共产党领导和我国社会主义制度优势进一步彰显，历史的发展说明了中国人民的选择是完全正确的。

第三，坚持党的领导地位是中国特色社会主义事业成功的根本保证。在建设中国特色社会主义的伟大实践中，必须坚持党的执政和领导核心地位不动摇。只有坚持党的领导，才能保证改革开放、全面建成小康社会和社会主义现代化建设的顺利进行。改革开放、全面建成小康社会，把中国建设成为一个社会主义现代化国家，是一项前无古人的伟大事业，只有在党的领导下，才能正确地制定适合中国国情的路线、方针和政策，并依靠党的组织和广大党员干部带领人民群众去贯彻执行；同时，也只有在党的领导下，才能把坚持四项基本原则与改革开放密切结合起来，防止来自"左"的和右的错误倾向的干扰，保证改革开放和现代化建设的顺利发展。

只有坚持党的领导，才能实现经济建设、政治建设、文化建设、社会建设和生态文明建设协调、全面地发展和进步。集中精力发展生产力、坚持以经济建设为中心，是党在社会主义初级阶段的中心任务，但人类的生存发展是一个特大的系统工程，特别是在中国已经解决了14亿多人口的温饱问题、进入小康社会的发展阶段之后，以经济建设为中心不能动摇，这是毫无疑问的，因为动摇了经济建设中心，其他方面的建设就会因缺乏坚实的物质基础而无从谈起。但是，也绝不能以经济建设取代其他方面的建设，因为我们所要的小康社会是全面的小康社会，我们所要的现代化是富强、民主、文明、和谐、美丽的中国式现代化。因此，党的奋斗目标曾经经历了由物质文明、精神文明"两位一体",到物质文明、精神文明、政治文明"三位一体",再到经济建设、政治建设、文化建设、社会建设"四位一体",再到经济建设、政治建设、文化建设、社会建设、生态文明建设"五位一体"的不断发展、与时俱进的过程,这里体现了党对人类社会发展规律、对社会主义建设规律、对共产党执政规律在思想认识上的不断深化,在实践领域中的不断拓展。

三、中国共产党代表中国先进生产力的发展要求,代表中国先进文化的前进方向,代表中国最广大人民的根本利益

中国共产党始终代表中国先进生产力的发展要求,就是党的理论、路线、纲领、方针、政策和各项工作,必须努力符合生产力发展的规律,体现不断推动社会生产力的解放和发展的要求,尤其要体现推动先进生产力发展的要求,通过发展生产力不断提高人民群众的生活水平。作为社会主义国家的执政党,中国共产党的根本任务就在于发展生产力,解放生产力。共产党的前途命运,始终与生产力的发展要求和方向联系在一起,什么时候代表先进生产力的发展要求,党就能与时代进步的方向相一致,就能得到人民群众的拥护。中国共产党深刻认识到生产力发展、经济建设对社会主义国家的重大意义。

中国共产党始终代表中国先进文化的前进方向,就是党的理论、路线、纲领、方针、政策和各项工作,必须努力体现发展面向现代化、面向世界、面向未来的,民族的科学的大众的社会主义文化的要求,促进全民族思想道德素质和科学文化素质的不断提高,为我国经济发展和社

第一章　党的性质

会进步提供精神动力和智力支持。作为执政党，作为社会主义现代化建设的核心力量，中国共产党理应承担起领导中国社会全面进步的重任。中国共产党100多年的奋斗历史，从一定意义上说，也就是始终代表中国先进文化的前进方向，用马克思主义指导革命建设和改革的历史。坚持和巩固马克思主义的指导地位是发展先进文化的重要保证，加强社会主义思想道德建设是发展先进文化的重要内容和中心环节，继承和发扬一切优秀文化是发展先进文化的思想源泉。

中国共产党始终代表中国最广大人民的根本利益，就是党的理论、路线、纲领、方针、政策和各项工作，必须坚持把人民的根本利益作为出发点和归宿，充分发挥人民群众的积极性、主动性和创造性，在社会不断发展进步的基础上，使人民群众不断获得切实的经济、政治、文化利益。始终代表最广大人民的根本利益是由党的性质和宗旨决定的，中国共产党是中国工人阶级的先锋队组织，中国共产党的宗旨是全心全意为人民服务。人民群众是我们党的力量之源和胜利之本，没有人民群众的支持和拥护，党的事业和工作就无从发展。保持与人民群众的血肉联系，是党取得成功的保证，也是巩固党执政地位的现实需要。

"三个代表"是相互联系、相互促进的统一整体。发展先进生产力，是发展先进文化，实现最广大人民根本利益的基础。人民群众是先进生产力和先进文化的创造者，也是实现自身利益的根本力量。不断发展先进生产力和先进文化，归根到底都是为了满足人民群众日益增长的物质文化生活的需要，不断实现最广大人民的根本利益。所以说，先进生产力是基础和前提，先进文化是灵魂和旗帜，最广大人民的根本利益是主体和目的。

第二章　党的奋斗目标

实现共产主义是共产党人的最高理想和最终目标,《共产党宣言》论证了这一目标的理想状态,就是"代替那存在着阶级和阶级对立的资产阶级旧社会的,将是这样一个联合体,在那里,每个人的自由发展是一切人的自由发展的条件"[①]。中国共产党一成立,就把实现共产主义作为党的最高理想和最终目标。历史表明,对于共产党人来说,实现共产主义的最高理想和最终目标在任何时候都不能动摇、淡化和放弃,但实现共产主义是一个漫长的历史过程,需要几代、十几代甚至几十代共产党人矢志不移地奋斗。

---

① 《马克思恩格斯选集》第 1 卷,人民出版社 2012 年版,第 422 页。

一、党的最高理想和最终目标是实现共产主义

共产主义是理论和实践的统一。作为科学理论体系，共产主义是由马克思、恩格斯创立的，是共产党人所信仰的科学思想体系。马克思主义的诞生是以1848年《共产党宣言》的问世为标志的。170多年来，共产主义理论随着时代的发展而发展，保持着永不衰竭的强大生命力。共产主义的科学理论体系始终是世界无产阶级获得解放、建设新生活的强大理论武器，始终是中国共产党的指导思想。这是因为，共产主义理论不是代表少数人利益的、封闭的、僵化不变的教条主义学说，而是一个代表工人阶级和广大人民群众根本利益的、开放的、不断发展的理论体系。中国共产党100多年的历史充分体现了马克思主义在指导中国共产党为实现共产主义而奋斗的历程中的理论创新和中国化时代化发展。完全可以说，中国共产党领导中国人民取得的革命、建设、改革和新时代的伟大成就，就是源于马克思主义理论的科学指导。

共产主义作为共产党人所从事的伟大实践活动，是无产阶级解放自己并同时解放全人类的伟大革命运动。共产主义运动以共产主义理论为指导，以马克思主义政党为政治领袖，以工人阶级和广大劳动人民为主要革命力量，以砸碎旧的国家机器，推翻资产阶级的统治，推翻资本主义制度，最终实现共产主义制度为目的。

作为制度的共产主义，是全人类所向往的、最高级的社会发展形态。在人类社会发展的历史中，相继存在五种社会形态，即原始社会、奴隶社会、封建社会、资本主义社会和共产主义社会。其中共产主义社会是最美好、最进步、最合理的社会。人类社会的更替，遵循着不以人的意

志为转移的客观规律。共产主义社会的实现，以消灭资本主义制度为前提，以社会主义的高度发达和充分发展为基础。因此，社会主义是共产主义的必经阶段，共产主义是社会主义的发展前途。

共产主义科学内涵的上述三个方面，是一个相互联系、相互依存的有机整体，构成完整的、科学的共产主义概念。其中，共产主义思想体系是共产党人从事共产主义伟大运动、实现共产主义社会制度的理论基础和精神动力；共产主义的伟大实践是共产党人实践共产主义思想体系、实现共产主义社会制度的必然道路；共产主义社会制度则是共产主义思想体系指导下的共产主义运动的必然归宿。因此，广大共产党员要正确理解共产主义的科学内涵，树立坚定的共产主义理想，自觉地为实现共产主义奋斗终身。

中国共产党之所以把实现共产主义定为最高理想和最终目标，是由共产主义社会的本质特征决定的。马克思主义认为，共产主义社会是人类最理想、最进步、最美好的社会。对于共产主义社会的基本特征，马克思主义经典作家都曾进行过科学的设想。共产主义社会是生产力高度发达、物质财富极大丰富、社会成员共同占有全部生产资料、实行各尽所能按需分配的原则、彻底消灭了阶级差别和重大社会差别、全体社会成员具有高度的共产主义觉悟和道德品质、实现了国家消亡的社会。随着马克思主义理论的发展和社会实践的发展，我们党对共产主义社会的认识更加科学，对共产主义社会基本特征的概括更加精练。以上所讲的这些有关共产主义社会的基本特征，虽然只是对共产主义社会的大致轮廓所进行的设想，但它已经向我们表明：共产主义是人类历史上最美好、最合理、最进步的社会，是我国最广大人民群众的共同向往和追求。100多年来，中国共产党正是在这一共产主义理想的基础上，凝聚了党心、民心，一洗百年民族耻辱，赢得了国家独立，建立了社会主义制度，为中华民族的复兴开辟了广阔前景。在今天建设中国特色社会主义事业中，我们仍然要心怀共产主义的远大目标，脚踏实地去完成现阶段的历史任务，这样才能把改革开放和现代化建设事业不断推向胜利。

二、实现共产主义将是一个长期而曲折的历史过程

按照成熟程度来说，共产主义社会可分为初级阶段和高级阶段。我们通常所说的社会主义是共产主义的初级阶段，我们通常所说的共产主义是共产主义的高级阶段。因此，共产主义只有在社会主义社会充分发展和高度发达的基础上才能实现。然而，由社会主义最终战胜资本主义并过渡到共产主义，将是一个非常漫长的历史过程。把社会主义看得太快了、把共产主义看得太近了，都是错误的。在人类社会的发展史上，每一种旧的社会制度被新的社会制度所取代，哪怕是用一种新的剥削制度取代旧的剥削制度，都要经过曲折、长期的斗争；每一种新生的社会制度的确立，都要经过曲折、长期的产生、发展和成熟的过程。共产主义彻底战胜资本主义的过程也将如此。从现实的世界来看，有些国家包括我们中国已经建立了社会主义制度，进入了共产主义初级阶段，然而从共产主义的初级阶段——社会主义向高级阶段过渡，也需要一个长期的过程。

社会主义革命的实践发展没有按照马克思、恩格斯当年所设想的那样，最先在资本主义最发达的国家里共同胜利，而是在经济、文化比较落后的国家里首先取得胜利的。虽然社会主义制度的建立，给经济、文化的发展开辟了广阔的道路，但是经济、文化的发展既需要一定的基础，又需要一定的过程。直到目前，社会主义各国也都是经济、文化比较落

后的发展中国家,在建设社会主义的实践中会遇到许多预料到的和预料不到的困难和问题。特别是像我国这样在半殖民地半封建基础上建立起来的社会主义国家,经济、文化的快速发展会受到更多条件的制约,既需要完成资产阶级民主革命的遗留任务,又需要探索适应我国当时生产力发展水平的过渡形式,完成由新民主主义向社会主义的过渡,还需要建立独立的国民经济体系摆脱对发达资本主义经济的依赖,大力发展工业化逐步赶上和超过发达资本主义国家。在薄弱的基础上完成这样艰巨的任务,不可能一蹴而就,必然要经历一个较长的时期。

早在一个多世纪以前,列宁就曾提出:"帝国主义是垄断的资本主义,是寄生的或腐朽的资本主义,是过渡的或垂死的资本主义。"[①]但是在100多年以后的今天,由于各发达资本主义国家不断采取改良措施,在一定程度上缓解了资本主义的固有矛盾,使今天世界上经济、文化最先进、最发达的国家或地区仍然是资本主义国家。因此,社会主义不可能在短时期内超过资本主义并最终消灭资本主义。社会主义各国虽然经济、文化比较落后,但社会主义作为一种对资本主义的否定、作为比资本主义更新、更先进的社会制度具有强大的生命力。于是社会主义和资本主义两种社会制度就只能在对立中并存,而这种对立并存的局面,就必然充满着矛盾和斗争。但是由于资本主义在经济、文化、科技等方面明显的优势地位,必然运用各种手段对社会主义国家进行经济上的控制、政治上的颠覆、文化上的渗透、科技上的封锁甚至军事上的威胁,从而给社会主义国家的建设事业制造障碍,使社会主义在发展和前进的道路上呈现出长期性。

社会主义作为一种新型的社会制度,没有现成的经验可以汲取。社

[①] 《列宁全集》第54卷,人民出版社2017年版,第3页。

会主义各国的具体国情又有很大不同，没有固定的模式可以套用，完全需要各社会主义国家的共产党在建设社会主义新的实践中去寻找适合自己国情的、带有自己特色的道路，即社会主义只能在探索中前进。于是，在探索成功的时候，社会主义可以向前发展；在探索发生失误的时候，社会主义的发展将受到影响；在探索暂时失败的时候，社会主义的发展将有可能出现反复。特别是社会主义国家因为经济、文化比较落后，旧的传统影响比较深，国民素质比较低，现代化程度比较浅，使社会主义建设的艰难性更加突出，随时有可能因为经济的、政治的、思想的、文化的因素，在社会主义建设中发生失误，甚至可能发生如苏联、东欧各国社会主义的暂时失败，这些都体现出了社会主义在发展过程中的曲折性和长期性。共产党人必须充分认识实现共产主义社会制度的这种曲折性、复杂性和长期性，树立坚定的共产主义信念。

当然，我们在这里强调实现共产主义的长期性和曲折性，并不是说实现共产主义真像有些人所讲的那样：共产主义是可望而不可即的，共产主义是虚无缥缈的、遥遥无期的，共产主义只是一种美好的理想甚至是空想、幻想而已。我们强调实现共产主义的长期性和曲折性，目的在于使广大共产党员以及要求加入中国共产党的入党积极分子认清形势，做好终身为实现共产主义而奋斗的思想准备，克服在实现共产主义方面一切不符合实际的过快、过近的想法，防止和避免动摇或放弃共产主义理想信念的思想和行为。

三、把远大的理想同在现实中的努力结合起来

马克思、恩格斯在《共产党宣言》中指出："共产党人为工人阶级的

马克思主义党的建设基本原理

最近的目的和利益而斗争,但是他们在当前的运动中同时代表运动的未来。"①据此,中国共产党党员必须在实践中把实现共产主义的远大理想同自己做好工作的现实努力结合起来。在我们党的历史上,党就是靠正确认识和科学处理最高理想与共同理想的关系,既保持了党的先进性,又团结了全国人民,形成了无比坚强的凝聚力和无比强大的战斗力,使中国的革命、建设和改革事业不断取得新的胜利,不断推进实现共产主义最高理想和最终目标的伟大历程。

共产主义只有在社会主义社会充分发展和高度发达的基础上才能实现。必须看到,实现共产主义是一个非常漫长的历史过程。共产主义只有在社会主义社会充分发展和高度发达的基础上才能实现。而社会主义社会的充分发展和高度发达,既不是想出来的,也不是喊出来的,而是干出来的。因此,共产党必须在现实实践中走在时代前列,走在群众前列,引领时代潮流,带领广大人民群众推进经济、社会以及人本身的全面发展。这样,才能推进社会主义的充分发展,最终实现共产主义。

在革命时期,中国共产党在马克思主义理论指导下,提出了实现共产主义的最高纲领。同时,我们党把这个最高纲领与中国的具体国情相结合,与中国最广大人民的根本利益相联系,深刻认识到中国的社会性质是半殖民地半封建,压在中国人民头上的是帝国主义、封建主义和官僚资本主义三座大山,中国革命的任务是实现民族独立、人民解放和国家富强、人民富裕,中国革命的性质只能是新民主主义。因此,毛泽东提出:"中国革命必须分两个步骤。第一步,改变这个殖民地、半殖民地、半封建的社会形态,使之变成一个独立的民主主义的社会。第二步,

---

① 《马克思恩格斯选集》第 1 卷,人民出版社 2012 年版,第 434 页。

使革命向前发展，建立一个社会主义的社会。"① 于是在新民主主义革命时期，我们党提出了以推翻"三座大山"为目的的最低纲领，提出了新民主主义革命的总路线，即"无产阶级领导的，人民大众的，反对帝国主义、封建主义和官僚资本主义的革命"。推翻"三座大山"这个在半殖民地半封建历史条件下的现实任务，既是由实现共产主义的最高理想决定的，也是在新民主主义革命时期对实现共产主义最高理想的具体体现；既是中国共产党的革命任务，也是全中国人民的共同意愿和根本利益。正是在这个基础上，使我们党紧紧团结起了全国的老百姓，动员了一切积极因素和积极力量，形成了势不可当的革命洪流，取得了新民主主义革命的伟大胜利。

在社会主义建设时期，特别是在改革开放以来的社会主义现代化建设新时期，我们党坚持以马克思主义为指导，坚定共产主义的最高理想，并把最高理想同中国社会主义初级阶段的基本国情相联系，同全国人民强国富民的根本利益和共同愿望相联系，提出了"在中国共产党领导下，走中国特色社会主义道路，实现中华民族伟大复兴"的共同理想。这个共同理想是广大人民群众的坚强精神支柱。新中国成立70多年特别是改革开放40多年来，全党和全国人民就是在这个共同理想的支撑下，坚持以经济建设为中心，坚持四项基本原则，坚持改革开放，自力更生，艰苦创业，为把我国建设成为富强民主文明和谐美丽的社会主义现代化强国而努力奋斗，使我国在经济社会各项事业中都取得了令世人所瞩目的巨大成就。因此，不论在任何情况下，作为共产党员，实现共产主义的最高理想和最终目标不能丢，在现实工作中的积极努力不能减。这既是关系我们党的先进性和政治前途的大问题，也是关系我们国家的兴衰成

---

① 《毛泽东选集》第2卷，人民出版社1991年版，第666页。

败和生死存亡的大问题,还是关系一个党员是不是合格共产党员的大问题。当前,共产党员必须把坚定共产主义理想信念与在现实工作中的积极努力统一于如期建成富强民主文明和谐美丽的社会主义现代化强国、实现中华民族伟大复兴的伟大实践之中,统一于中国特色社会主义的伟大实践之中。

第三章　党的指导思想

　　党的指导思想又称党的行动指南，是指导党全部实践活动的理论基础。恩格斯指出，"我们党有个很大的优点，就是有一个新的科学的世界观作为理论的基础"①。这个科学的世界观，就是马克思主义。《中国共产党章程》规定："中国共产党以马克思列宁主义、毛泽东思想、邓小平理论、'三个代表'重要思想、科学发展观、习近平新时代中国特色社会主义思想作为自己的行动指南。"② 中国共产党是按照马克思列宁主义的革命理论建立起来的党。马克思主义是一个随着时代和实践的发展而不断发展的与时俱进的理论体系，毛泽东思想、邓小平理论、"三个代表"重要思想、科学发展观、习近平新时代中国特色社会主义思想，都是马克思主义中国化的重大理论成果，是对马克思主义理论宝库的巨大丰富，是指导中国革命、建设和改革不断取得成就的先进理论。

---

① 《马克思恩格斯文集》第 2 卷，人民出版社 2009 年版，第 599 页。
② 《中国共产党章程》，人民出版社 2022 年版，第 1 页。

一、马克思主义是我们立党立国、兴党强国的根本指导思想

任何一种社会思潮和理论，都是当时社会经济政治发展的产物。恩格斯在《社会主义从空想到科学的发展》中指出："同任何新的学说一样，它必须首先从已有的思想材料出发，虽然它的根子深深扎在物质的经济的事实中。"[1] 在此恩格斯道出了马克思主义产生的历史条件，也讲清楚了人类思想发展的一个基本规律。一个新的学说之所以必然出现在一定的历史阶段，其根源或基础是"物质的经济的事实"，即社会生产力发展状况和在此基础上形成的社会经济关系。新学说的创立离不开前人提供的基础，都要从已有的思想材料出发，继承前人的思想精华。新的理论体系同旧的理论体系的关系是一种扬弃关系，是批判继承关系。唯有如此，人类思想才能不断进步，人类思想发展才能构成一条有源有流、滔滔不尽的长河。对马克思主义产生的历史条件问题，我们应该按照恩格斯的上述历史唯物主义观点来研究和分析，从而我们会看到：资本主义的发展为马克思主义的产生提供了社会经济政治条件。马克思主义是资本主义发展到一定阶段的产物，是19世纪三四十年代欧洲资本主义发展的结果。也就是说，19世纪三四十年代，欧洲资本主义的发展为马克思主义的诞生奠定了经济、政治和思想文化基础。

首先，从经济上看，资本主义生产力得到大发展。19世纪三四十年代，工业革命已经使资本主义从工场手工业阶段过渡到大机器工业阶段。

---

[1] 《马克思恩格斯全集》第26卷，人民出版社2014年版，第437页。

马克思主义党的建设基本原理

工业革命不仅是生产技术的上一次伟大革命，也是社会关系方面的一次根本性变革。它一方面使资本主义生产力获得了大发展。这正如恩格斯所说："资产阶级在它的不到一百年的阶级统治中所创造的生产力，比过去一切世代创造的全部生产力还要多，还要大。"[1] 正因为如此，才使资本主义生产方式得以巩固。另一方面使以生产资料私人占有为核心的资本主义生产关系和社会化为标志的资本主义生产力之间的矛盾逐步暴露出来，并由此导致了资本主义经济危机的爆发，这寓意着资本主义生产关系已经容纳不了资本主义生产力。要获得社会的发展，就必须改变资本主义私有制。然而，工人阶级要成功地进行推翻资本主义的政治革命，必须在自己的强大政党的领导下，必须在科学理论的指导下。因此，资本主义经济的发展，一方面为科学理论的诞生奠定的经济基础，另一方面也为科学理论的诞生提出了客观上的要求。

其次，从政治上看，工人阶级得到成熟壮大。随着资本主义的发展，无产阶级日益成熟、壮大，无产阶级和资产阶级之间的矛盾也日益尖锐起来，促进了工人运动的兴起和发展。特别是19世纪三四十年代爆发的法国里昂工人的武装起义、英国的宪章运动、德意志西里西亚工人起义，已经从经济斗争发展到政治斗争，已经从工人阶级在资产阶级的领导下进行反封建斗争发展到工人阶级为了自己的政治权利和经济利益独立地进行斗争，并把矛头指向资本主义剥削制度。工人们从斗争实践中逐渐认识到，要想从根本上改善自己的处境，就必须改变政治上的无权地位，进行反对资产阶级的政治斗争。这标志着无产阶级已经作为一支独立的政治力量登上了历史舞台。独立的工人运动需要科学理论的指导，同时也为科学理论的创立奠定了阶级基础。

---

[1] 《马克思恩格斯选集》第1卷，人民出版社2012年版，第405页。

再次，从思想文化上来看，在一定程度上代表工人阶级利益的理论已经产生。19世纪三四十年代，代表当时最先进的思想理论主要有：德国古典哲学、英国的古典政治经济学和英国、法国的空想社会主义。德国古典哲学是近代哲学发展的最高形式，它包括黑格尔的辩证法和费尔巴哈的唯物论。德国古典哲学的创立者黑格尔，是辩证法思想的集大成者。黑格尔辩证法的最大贡献是恢复了辩证法这一最高的思维形式，把整个自然的、历史的和精神的世界描述为一个不断运动、变化、发展的过程，给人们提供了用辩证的、联系的、发展的观点认识世界的武器。费尔巴哈是德国古典哲学的最后一个代表人物，他的伟大功绩是批判了黑格尔的唯心主义，恢复了唯物主义的权威，坚持了物质第一性、意识第二性的唯物主义观点，为人们认识世界的本源提供了基本思路。英国的古典政治经济学的最大贡献是揭示了劳动价值理论。英国、法国的空想社会主义的最大贡献是揭露了资本主义社会的各种弊端，提出了取代资本主义的社会主义社会的一些构想，并在一定范围内进行了社会主义实践。虽然这些理论还不十分科学，比如，黑格尔的辩证法是在唯心主义基础上去阐释的，而费尔巴哈的唯物论则是在形而上学基础上发挥的，英国、法国的社会主义充其量也只是在空想阶段。然而，尽管如此，德国的古典哲学毕竟在辩证法和唯物论这些方面是对以往哲学思想的一个重大突破，从而为马克思主义创始人去掉其中的不科学成分、实现其"合理内核"的结合奠定了基础，为马克思主义创始人在价值论基础上创立剩余价值论奠定了基础，为马克思主义创始人把社会主义从空想发展到科学奠定了基础。因此，德国古典哲学、英国的古典政治经济学和英国、法国的空想社会主义，是马克思主义的三大理论来源。

最后，离不开马克思、恩格斯的主观努力。如果说上面三个方面的条件，为马克思主义诞生提供了客观条件的话，那没有马克思、恩格斯的主观努力，就不会产生马克思主义。马克思、恩格斯深入工人群众和进行理论研究。在参加工人运动方面，马克思、恩格斯是伟大的无产阶级革命家，他们参加和领导了当时无产阶级争取解放的伟大实践运动，并从中认识到劳动群众创造历史的伟大力量，认识到无产阶级所承担的历史使命和伟大前途。正是这种亲历实践的独特经历，使马克思、恩格斯顺利实现了由唯心主义向唯物主义的转变，由民主主义者向社会主义者、共产主义者的转变，为创立马克思主义理论提供了实践基础。在理论研究方面，马克思、恩格斯都是理论渊博、思想敏锐的学者，这使他们能够站在时代智慧的高峰，批判地继承人类思想史上的一切优秀成果，概括和总结科学发展的最新成就。最主要的是，马克思、恩格斯批判地吸收了黑格尔的辩证法的"合理内核"，抛弃了其唯心主义；批判地吸收了费尔巴哈的唯物主义的"基本内核"，抛弃了其形而上学。并根据新的实践经验和科学材料，对他们进行革命性的改造和发展，第一次在人类思想史上使辩证法和唯物论有机结合起来，使唯物辩证的自然观与历史观统一起来，创立了辩证唯物主义和历史唯物主义，即马克思主义哲学。马克思、恩格斯还在英国古典政治经济学所创立的劳动价值理论基础上，进一步揭示了剩余价值的来源、揭示了资本主义剥削的秘密、揭示了无产阶级和资产阶级对立的根本原因，创立了剩余价值理论；马克思、恩格斯还批判地继承英国、法国的空想社会主义的合理部分，对资本主义进行批判，对社会主义进行科学设想，提出了无产阶级推翻资本主义统治、实现社会主义和共产主义的基本道路，从而使社会主义从空想发展到科学。因此，马克思主义理论有三个组成部分，即马克思主义哲学、马克思主义政治经济学和科学社会主义。

马克思主义是一个彻底而完整的科学理论体系，包含着极为丰富的内容，几乎涵盖了全部社会科学的研究领域。但是，从总体上看，马克思主义哲学、马克思主义政治经济学和科学社会主义则是马克思主义理论体系中的主体部分,是相互依存、不可分割的三个组成部分。

马克思主义哲学即辩证唯物主义和历史唯物主义,揭示了自然界、人类社会和思维运动的普遍规律,是建立在实践基础上的革命性和科学性高度统一的学说,是无产阶级及其政党的科学世界观和方法论体系,是整个马克思列宁主义的理论基础。

马克思主义政治经济学是研究资本主义社会以及共产主义社会(包括社会主义社会)生产关系或经济关系的本质和运动规律的科学。这一学说的核心是剩余价值学说,马克思、恩格斯首次把生产关系从社会关系中划分出来并作为政治经济学的研究对象,在全面而深入地研究社会生产关系特别是资本主义社会的经济运动规律时,对商品、货币、资本和剩余价值等重要经济范畴作了深刻分析,全面论证和发展了劳动价值论,创立了剩余价值学说,深刻揭示了无产阶级与资产阶级之间矛盾和斗争的经济根源,指明了共产主义代替资本主义的历史必然性与正确道路。

科学社会主义则是以马克思主义哲学和马克思主义政治经济学为理论依据,论证无产阶级解放斗争的性质、条件以及由此产生的一般目的的学说。它研究的主要内容包括:社会主义代替资本主义的历史必然性,无产阶级的社会地位和历史使命,无产阶级革命和无产阶级专政,无产阶级政党,无产阶级革命的战略和策略,无产阶级国际主义,社会主义和共产主义,等等。科学社会主义直接体现了无产阶级的利益和共产主义的理想,是整个马克思主义的核心,是指导无产阶级解放斗争的科学理论。

马克思主义本身的特点决定了它是无产阶级的思想体系,是无产阶级政党的理论基础。马克思主义的阶级性决定了马克思主义是被剥削被压迫劳动群众的科学,是无产阶级根本利益的理论表现。马克思主义所

马克思主义党的建设基本原理

表现出来的强烈的阶级性,决定了它最终成为无产阶级的科学。马克思主义又是科学的理论,它是在总结工人运动经验和继承优秀人类文化成功的基础上产生的,正确揭示了客观世界,特别是人类社会发展的规律,严密而完整地为无产阶级提供了正确认识世界及改造世界的科学理论和方法。马克思主义还是实践的科学,在实践中产生和发展,反过来又影响和指导实践。

马克思主义的上述基本特点决定了马克思主义的根本特征是革命的和批判的,它否认了资本主义制度的合理性,对资本主义制度进行了彻底的批判,公开号召无产阶级起来革命,推翻资本主义制度。同时,马克思主义理论体系又是开放和发展的系统,它从不固步自封、满足于已有的结论,而是不断对人类所创造的一切优秀文化成果进行概括和吸收,并在实践中不断发展和充实自己。

中国共产党为什么要以马克思主义为自己的指导思想,是因为马克思主义理论是迄今为止最科学、最严整、最有生命力的理论体系。"在马克思之前,社会上占统治地位的理论都是为统治阶级服务的。马克思主义第一次站在人民的立场探求人类自由解放的道路,以科学的理论为最终建立一个没有压迫、没有剥削、人人平等、人人自由的理想社会指明了方向。"[①]马克思主义一经与中国工人运动相结合,便诞生了中国共产党。中国共产党的创建,是中华民族历史上开天辟地的大事件。自从有了中国共产党,中国革命的面貌就焕然一新,不断从胜利走向新的胜利。正是马克思主义的巨大威力,使其成为中国共产党的指导思想和理论基础,使越来越多的中国人崇尚马克思主义,信仰马克思主义。

[①] 《十九大以来重要文献选编》(上),中央文献出版社2019年版,第424页。

第三章　党的指导思想

邓小平说："老祖宗不能丢啊！"[①]这里的老祖宗包括马克思主义也包括列宁主义。同其他国家的共产党相比，中国共产党在建党初期更多的是继承了列宁的建党原则和布尔什维克党的经验。所以，中国共产党人今天庄严地向全世界宣告，我们过去是、现在是、将来还是一个马克思列宁主义政党，马克思列宁主义是中国共产党人的指导思想。把坚持马克思列宁主义基本原理同推进马克思主义中国化结合起来，是我们建党的经验，也是我国改革开放40多年来的基本经验。改革开放成功的根本原因，就是我们既没丢老祖宗、又发展老祖宗，既坚持马克思列宁主义基本原理、又根据当代中国实践和时代发展不断推进马克思主义中国化，使马克思主义更好发挥对改革开放实践的指导作用，赋予马克思主义勃勃生机。

"老祖宗不能丢"是因为马克思列宁主义是科学。马克思列宁主义理论是迄今为止最科学、最严整、最有生命力的理论体系。马克思列宁主义推动了人类意识的大觉醒，引导了人类社会的大变革。马克思、恩格斯、列宁的名字始终与工人阶级和广大劳动人民的事业紧密相连，马克思列宁主义始终是共产党人的伟大旗帜。马克思列宁主义的晨曦照在古老的东方，使中国工人阶级由自在走向自为，中国人民的精神从被动转为主动，给黑暗的中国带来光明。

"老祖宗不能丢"是因为马克思列宁主义是全党全国人民共同的思想基础。历史和现实表明，坚定不移、毫不动摇地坚持马克思列宁主义的指导地位，是坚持党的领导巩固党的执政地位的思想基础。强调保持党的先进性，必须强调坚持马克思列宁主义的指导地位，这是全党全国人民共同的思想基础。马克思列宁主义揭示了人类社会历史发展的规律，

[①]《邓小平文选》第3卷，人民出版社1993年版，第369页。

它的基本原理是正确的，具有强大的生命力。坚持马克思列宁主义的基本原理，走中国人民自愿选择的适合中国国情的道路，中国特色的社会主义事业必将取得最终的胜利。如果动摇甚至放弃了马克思列宁主义的指导地位，党的先进性就无法保持，党的生机活力就会丧失，党的执政地位也就无法巩固。

马克思列宁主义是被历史证明了的无产阶级革命斗争行之有效的思想武器。中国工人阶级正是在马克思主义理论指导下，真正掌握了自己的命运，认识了本身所担负的历史使命，正是在马克思主义指导下，才建立了中国工人阶级的先锋队——共产党。中国共产党从诞生之日起，一直以马克思主义作为自己的行动指南。中国革命的胜利，是在马克思列宁主义的指导下取得的。历史表明，有了马克思列宁主义的指导，我们的事业就能取得胜利；反之，则会遇到挫折，甚至失败。

把马克思列宁主义作为党的行动指南是中国共产党的建设需要。任何政党都是在一定的思想、理论的指导和支配下进行活动的，没有革命的理论，就不会有坚强的无产阶级政党。中国共产党是按照马克思主义的理论和风格建立起来的。坚持马列主义的理论指导，对保持党的工人阶级先锋队性质具有重要意义。共产党之所以具有工人阶级先锋队性质，并能充分发挥先锋作用，不仅由于它集中了工人阶级的先进分子，而且由于它以马克思主义为指南，有一个新的科学的世界观作为理论基础。中国共产党的建设过程，也就是以马克思主义不断教育广大党员，保持党的先进性的过程，这在新的历史条件下，尤其如此。

中国共产党要运用马克思列宁主义的立场、观点和方法来认识和解决前进道路上不断出现的新情况新问题。当前我国进入全面建设小康社会、加快推进社会主义现代化新的发展阶段。国际局势正在发生深刻变化。世界多极化和经济全球化的趋势在曲折中发展，科技进步日新月异，综合国力竞争日趋激烈。形势逼人,不进则退。我们党必须坚定地站在时代潮流的前头,团结和带领全国各族人民,实现推进现代化建设、完成祖国统一、维护世界和平与促进共同发展这三大历史任务,在中国特色社会主义道路上实现中华民族伟大复兴。这是历史和时代赋予我们党的庄严使命。需要我们学会运用马克思列宁主义的立场、观点和方法来研究和解决前进道路上碰到的实际问题,既要总结经验教训,又要做好工作。

坚持马克思列宁主义的指导地位,也有一个正确对待马克思列宁主义的态度问题。我们要学会运用马克思列宁主义的立场、观点和方法来观察和处理社会现实矛盾问题。不应该拘泥于马克思列宁主义的个别结论,更不能用马克思列宁主义的个别结论去否定社会现实中已被实践证明的正确的东西。观念陈旧,思想僵化,对有些已被实践证明的是正确的东西,或者不予承认,或者不敢肯定,对某些过时的结论或者抱着不放,或者不敢突破,这是对待马克思主义的"教条式"的一种表现。与时俱进是马克思列宁主义的理论品质,把马克思列宁主义作为党的行动指南,就要在实践中发展马克思列宁主义。马克思列宁主义随着实践的发展,它本身也要求发展,否则便失去了生命力。运用马克思列宁主义的立场、观点和方法探索解决现实问题的答案,并加以总结和概括,这一过程也就是发展马克思列宁主义的过程。只有发展马克思列宁主义,赋予马克思列宁主义以新的内容,用事实表明马克思列宁主义解决现实问题的能力,马克思列宁主义的指导地位才能不断地得到加强。

我们所处的时代是一个复杂多变、飞速发展的时代。我国已经进入新发展阶段,但前面的路并不是平坦的,还会有各种困难和风险,包括可以预料的和难以预料的,来自国内的和国外的,历史的和现实的,经济生活中的和政治生活中的,思想观念上的和行为方式上的。在这多种多样的挑战、压力和风险面前,中国共产党要经受住考验,乘风破浪、勇往直前。一个重要的、基础性的关键问题，就是必须努力提高全党的马克思列宁主义理论水平，在理论上更加成熟起来。然而，一个党或者一个党员，马克思列宁主义理论水平高不高，在理论上成熟不成熟，不是看其读了几本马克思主义的书，也不是看其会背诵多少马克思主义的经典词句，关键是看其能否把马克思列宁主义理论作为行动的指导思想和理论武器，使马克思列宁主义理论同现实的实践结合起来，用马克思列宁主义的立场、观点、方法，研究、分析和解决实际问题。也就是说，对马克思列宁主义的理论，要能够精通它，应用它，精通的目的全在于应用。所以，学马列要精、要管用，要努力在掌握理论的科学体系上下功夫，在掌握基本原理及其精神实质上下功夫，在掌握马克思列宁主义的立场、观点、方法并用以指导实践上下功夫。

坚持马克思列宁主义的指导地位，不搞指导思想的多元化，就是要运用马克思列宁主义的立场、观点和方法来观察和处理社会现实矛盾问题，而不是别的思想理论。这是因为，马克思列宁主义是一个科学的理论体系，其科学性从根本上说来体现于它的实践性和与时俱进的理论品质，这一点是其他思想理论不可比拟的。

中国共产党历来重视共同的思想基础建设。共同的思想基础，是一个党、一个国家、一个民族赖以存在和发展的根本前提。没有共同的思想基础，党就要瓦解、国家就要分裂、民族就要解体。加强以马克思列宁主义为指导的社会主义意识形态建设，是团结全党和全国各族人民实现党和国家各项任务的中心环节。只有旗帜鲜明、理直气壮地以马克思列宁主义为指导引领社会思潮，才能不断增进社会思想共识，不断强化全民族的向心力和凝聚力，为建设中国特色社会主义而奋斗。

社会主义是资本主义发展的产物，它不是对资本主义简单地否定，而是对资本主义的超越。在马克思、恩格斯所设想的共产主义社会中，已经摆脱了剥削和压迫，个人的发展是社会和其他人的全面发展的条件。作为实现共产主义第一阶段的社会主义为我们提供了一个不同于资本主义，同时又继承了它的成果的社会发展模式，可以说它是解决资本主义矛盾的一种可行性选择。但是，社会主义在发展过程中出现了危机，使人们对社会主义的可行性产生了怀疑。但我们不能把当代社会主义反复的现实作为社会主义命运终结的例证，更不能由此丧失对共产主义的信念，甚至回过头来再在资本主义的发展中寻找出路。资本主义的发展模式已经被理论和现实所证明，是一条错误的发展模式。历史要求我们坚定地沿着实现共产主义的道路走下去。

当然，我们强调"老祖宗不能丢"，不是教条主义地照抄照搬，而是要同今天的实际相结合。我们党的几代领导人既强调了马克思主义理论是有"用"的，因为马克思主义理论为我们党提供了正确的立场、观点、方法，又强调了对马克思主义理论"用"什么，就是要用马克思主义理论提供的正确的立场、观点、方法。因此，强调"老祖宗不能丢"，根本目的就在于掌握和运用马克思主义的立场、观点、方法，来解决我们面临的各种复杂矛盾和问题，把改革开放和社会主义现代化建设的伟大实践不断推向前进，把坚持马克思主义基本原理同推进马克思主义中国化结合起来，这是中国共产党建党以来的基本经验。

二、毛泽东思想是马克思主义中国化的第一次历史性飞跃

尽管中国共产党从一开始就是一个马克思列宁主义政党，但在建党时并没有指导思想的提法。党章中更多的是对党的组织原则的界定，没

有今天党章中总纲这部分内容。到1945年党的七大才有了总纲的内容。七大党章的提法是:"中国共产党,以马克思列宁主义的理论与中国革命的实践之统一的思想——毛泽东思想,作为自己一切工作的指针,反对任何教条主义的或经验主义的偏向。中国共产党以马克思主义的辩证唯物主义与历史唯物主义为基础,批判地接收中国的与外国的历史遗产,反对任何唯心主义的或机械唯物主义的世界观。"[1]八大党章的提法是:"中国共产党以马克思列宁主义作为自己行动的指南。"[2]九大党章的提法是:"中国共产党以马克思主义、列宁主义、毛泽东思想作为指导思想的理论基础。"[3]十二大党章提法是:"中国共产党以马克思列宁主义、毛泽东思想作为自己的指导思想。"此后根据十二大修改的党章,用的都是行动指南的提法,就是现行党章中的提法。追寻党章修改的历程,我们发现是从党的七大起,党章中才有了指导思想的提法。而七大强调的是毛泽东思想作为我们党的指导思想,毛泽东思想就是马克思列宁主义的理论与中国革命的实践之统一的思想。这一提法恰恰反映了中国共产党党的建设的历史过程,强调首先从思想上建党的针对性。

1941年,刘少奇在一封信中对中国共产党建党以来的优缺点作了深刻的分析。"中国党艰苦奋斗英勇牺牲的精神,并不比苏联的布尔什维克差,所以中国党历来的组织工作就是很好的,不论做什么事,如组织工人,组织农民,组织政府,组织军队,进行各种方式的战斗,只要在党

---

[1]《中国共产党历次党章汇编(1921—2012)》,中国方正出版社2012年版,第95页。

[2]《中国共产党历次党章汇编(1921—2012)》,中国方正出版社2012年版,第204页。

[3]《中国共产党历次党章汇编(1921—2012)》,中国方正出版社2012年版,第271页。

第三章 党的指导思想

内一动员,为党员所了解,历来就能做得很好,就能完成任务,就能组织几十万、几百万、几千万的工人农民和军队到革命的战场上去。中国党的组织能力并不弱。中国党的英勇牺牲精神亦是很好的。""然而,中国党有一极大的弱点,这个弱点,就是党在思想上的准备、理论上的修养是不够的,是比较幼稚的。因此,中国党过去的屡次失败,都是指导上的失败,是在指导上的幼稚与错误而引起全党或重要部分的失败,而并不是工作上的失败。"[1]

纵观中国共产党在大革命时期的表现,当时马克思列宁主义的著作传入中国的历史并不久,马克思列宁主义传入中国时,又由于中国当时是客观革命形势很成熟的国家,要求中国革命者立即从事、而且以全部力量去从事实际的革命活动,无暇来长期从事理论研究与斗争经验的总结,所以中国共产党一开始成立,就卷入伟大的实际革命斗争中,各方面都应接不暇。"因为马克思、恩格斯、列宁、斯大林诸领袖,都是欧洲人,而不是中国人。他们的著作都是用欧洲文字发表的。在他们的著作上说到中国的事情并不多。而中国社会历史发展的具体道路和欧洲各国社会历史发展的道路比,有其更大的特殊性。因此,要使马克思主义中国化,要用马列主义的原理来解释中国社会历史实践,并指导这种实践,就觉得特别困难些。""所谓中国党的理论准备,包括对于马列主义的原理与方法及对于中国社会历史发展规律的统一把握。这在中国党的大多数同志不论对哪一方面都还有极大的不够,还是中国党一个极大的工作。"[2] 刘少奇指出:"中国党只要克服了这个弱点,就能有把握地引导

---

[1]《刘少奇选集》上卷,人民出版社 1981 年版,第 220 页。
[2]《刘少奇选集》上卷,人民出版社 1981 年版,第 221—222 页。

马克思主义党的建设基本原理

中国革命到完全的胜利。"①

以毛泽东为主要代表的中国共产党人,根据马克思列宁主义的基本原理,对中国长期革命和建设实践中的一系列独创性经验作了理论概括,形成了适合中国国情的科学的指导思想,这就是毛泽东思想。刘少奇指出:"中国共产党的历史,是马列主义在中国发展的历史,也是中国的马列主义者和各派机会主义者斗争的历史。这种历史,在客观上是以毛泽东同志为中心构成的。党内各派机会主义的历史,决不能成为党的历史。党内孟什维主义的体系及其传统,决不能成为党在思想上的体系及其传统。"②有了毛泽东思想,就掌握了科学的马列主义的武器,党就克服了理论不足的缺陷,就成为了不可战胜的力量。

马克思列宁主义是毛泽东思想的主要理论来源。没有马克思列宁主义在中国的传播,就没有中国共产党的产生,也就不可能产生毛泽东思想。同样,没有马克思列宁主义在中国革命和建设实践中的运用和发展,也不会产生毛泽东思想。因此,毛泽东思想是对马克思列宁主义的继承和发展。其中最为主要的是毛泽东思想继承和发展了马克思主义哲学,即辩证唯物主义和历史唯物主义的基本观点,并在此基础上创立了我们中国共产党人所特有的一系列优良传统作风,如理论联系实际、密切联系群众、批评和自我批评、实事求是、艰苦奋斗等。

毛泽东思想具有多方面的内容,主要是关于新民主主义革命的理论,关于社会主义革命和社会主义建设的理论,关于革命军队的建设和军事战略的理论,关于政策和策略的理论,关于思想政治工作和文化工作的理论,关于党的建设的理论,等等。毛泽东思想活的灵魂是贯穿上述各

---

① 《刘少奇选集》上卷,人民出版社1981年版,第220页。
② 《刘少奇选集》上卷,人民出版社1981年版,第300页。

个组成部分的立场、观点和方法，它有三个基本方面，即实事求是、群众路线、独立自主。实事求是，就是一切从实际出发，理论联系实际，把马克思主义普遍真理同中国革命具体实践相结合，在实践中检验和发展真理。实事求是是毛泽东思想的根本点，是党的思想路线的核心。群众路线，就是一切为了群众，一切依靠群众，从群众中来，到群众中去的路线。群众路线是以毛泽东同志为代表的中国共产党人创造的、具有中国特色的科学领导方法和工作方法，是对马克思主义的重大发展。独立自主，是从中国实际出发，主要依靠自己的力量发展革命和建设事业，是我们立国、建国的一个根本方针。

从毛泽东思想产生的社会历史条件和毛泽东思想形成与发展的过程中，我们可以看出毛泽东思想在其形成和发展过程中所呈现的特点。

第一，马克思列宁主义同中国实际相结合，是毛泽东思想的本质特征，也是毛泽东思想最显著的特点。毛泽东思想既是马克思主义的，又是中国的。毛泽东思想完全是马克思主义的，是与马克思列宁主义一脉相承的科学体系。在领导中国革命和建设的漫长时期里，中国共产党人始终如一地把马克思列宁主义作为自己指导思想的理论基础。中国共产党也正是在自觉运用马克思列宁主义观察中国历史和社会、解决中国革命和建设实践问题的过程中，创造性地丰富和发展了马克思列宁主义，形成了毛泽东思想。毛泽东思想同马克思列宁主义在世界观、方法论、宗旨、目标等方面，都是完全一致的，它们都代表无产阶级和广大人民群众的最大利益，是无产阶级和广大人民群众翻身求解放的锐利思想武器。毛泽东思想又完全是中国的。中国革命需要马克思列宁主义，但是马克思主义经典作家的著作并没有具体论述中国革命的实际问题。因此，在中国进行革命和建设，必然会遇到许多特殊的复杂的问题，这绝不是靠熟读背诵马克思列宁主义的一般原理和照搬外国经验就可以成功的，这必须使马克思列宁主义同中国实际紧密结合起来，必须使马克思主义中国化。毛泽东思想就是中国化的马克思主义，是中国共产党人关于中国革命和建设的正确的理论原则和经验总结，它完全是中国的。毛泽东思想是马克思列宁主义同中国实际的完美结合和高度统一，这是不可分割的两个方面，片面肯定或夸大某一方面，而否定或忽视另一方面，都是形而上学的，都是错误的。在这个问题上，需要反对两种错误倾向：一种是否定和诬蔑马克思主义和毛泽东思想的右的倾向；一种是完全照搬照抄马克思主义的"左"的教条主义倾向。

第二，毛泽东思想是毛泽东个人的杰出贡献和党的集体智慧相得益彰、交相辉映共同构筑的理论大厦，这是毛泽东思想形成和发展中的又一个显著特点。毛泽东在毛泽东思想形成和发展中发挥了最重要的作用。在马克思主义中国化过程中，毛泽东的创造最多、贡献最大、水平最高，以他的名字来命名中国化的马克思列宁主义是天经地义的。毛泽东思想又是中国共产党集体智慧的结晶，党的早期领导人以及党的第一代领导集体主要成员，甚至包括全党的革命实践，都为毛泽东思想的形成和发展作出了重要贡献。

第三，具有中国作风和中国气派，是毛泽东思想的另一个特点。毛泽东思想是马克思主义民族化的优秀典型，是中华民族智慧的最高表现和理论上的最高概括。毛泽东思想作为中国化的马克思主义，必然要有其自己民族的思想文化渊源。马克思主义同中国实际相结合，这个实际，主要指中国革命和建设的实践，同时也指中国的历史实际、中国的历史文化传统。毛泽东思想在其形成和发展过程中，不仅凝聚着中国革命和建设的实践经验，而且融合了中华民族的优秀思想文化遗产。毛泽东批判地继承和汲取了中华民族思想文化中的精华，特别是孙中山的革命精神和工业化的先进思想，把中华民族的爱国主义推到了更高的境界，成为中华民族的共同精神财富。毛泽东思想不仅在思想内涵上继承了中华民族的优秀文化传统，而且借用了中国传统特有的思维方式和语言表述形式。比如"实事求是"一语，出自班固的《汉书》，毛泽东用它来说明党理论联系实际，一切从实际出发的思想路线。"任人唯贤"是中国古人在用人方面的优良传统，毛泽东用它来说明我们党的干部政策。

应该强调的是，毛泽东思想是马克思列宁主义和中国革命实际相结合的产物，但这种结合，并不改变其中的马克思列宁主义的实质内容。刘少奇指出："毛泽东思想，就是马克思主义在目前时代的殖民地、半殖民地、半封建国家民族民主革命中的继续发展，就是马克思主义民族化的优秀典型。"[1]

毛泽东一向重视马克思主义的中国化、民族化。他反对离开中国特点来谈马克思主义，认为使马克思主义在中国具体化，使其在每一表现中带着必须有的中国特性，这是全党必须做到的。毛泽东善于运用我们民族特有的形式，来表述和体现马列主义党的学说的基本原理。毛泽东思想的中国化、民族化，尤其是对中国传统文化的利用，并不意味着它对中国传统文化的回归，尽管其中借用了许多术语，吸收了某些思想，但这些都是经过彻底改造了的，它所说明的也是作为马克思主义理论体系中的毛泽东的思想。更为重要的是，毛泽东思想的中国化、民族化，并不仅仅是指毛泽东借用和吸收了中国传统文化中的术语和思想，而是从总体上使毛泽东思想成为中国的东西、民族的东西，从思想体系上构筑了一个以马克思主义为基点的毛泽东思想，具有理论上的系统化和独创性。

毛泽东思想的上述本质特征，也从"结合"的角度说明了毛泽东思想的根本特点和基本表现形式。所谓"结合"，既包括对马列主义理论全

---

[1] 《刘少奇选集》上卷，人民出版社1981年版，第333页。

马克思主义党的建设基本原理

面的系统的学习和掌握,又包括对中国历史和现状的周密系统的调查研究,说明其是在马克思主义理论基础上结合中国的特点进行理论上的再创造。同时,"结合"也说明了毛泽东思想的基本表现形式。毛泽东思想具有多方面的内容,它以独创性的理论丰富和发展了马克思主义。这些丰富的内容,既是马克思主义的,又具有浓郁的中国特色,其基本表现形式就是"结合",是用中国的、民族特色的形式去说明马克思主义的内容。

1945年党的七大将毛泽东思想写进了党章,并在首次增加的"总纲"部分,确立毛泽东思想为党的"一切工作的指针",实现了中国共产党在指导思想上的历史性飞跃。在毛泽东思想的光辉旗帜下,中国共产党在思想上、政治上和组织上达到了前所未有的团结和统一,党领导的革命事业取得了关键性的进展。

习近平总书记指出:"毛泽东思想活的灵魂是贯穿其中的立场、观点、方法,它们有三个基本方面,这就是实事求是、群众路线、独立自主。新形势下,我们要坚持和运用好毛泽东思想活的灵魂,把我们党建设好,把中国特色社会主义伟大事业继续推向前进。"[①] 2013年12月26日,习近平总书记在纪念毛泽东同志诞辰120周年座谈会上的讲话中指出,"选择一条什么样的道路才能把中国革命引向胜利成为首要问题,也是马克思主义发展史上前所未有过的难题。年轻的中国共产党,一度简单套用马克思列宁主义关于无产阶级革命的一般原理和照搬俄国十月革命城市武装起义的经验,中国革命遭受到严重挫折。从革命斗争的这种失误教训中,毛泽东同志深刻认识到,面对中国的特殊国情,面对压在中国人民头上的三座大山,中国革命将是一个长期过程,不能以教条主

[①] 《十八大以来重要文献选编》(上),中央文献出版社2014年版,第695页。

义的观点对待马克思列宁主义，必须从中国实际出发，实现马克思主义中国化。毛泽东同志创造性地解决了马克思列宁主义基本原理同中国实际相结合的一系列重大问题，深刻分析中国社会形态和阶级状况，经过不懈探索，弄清了中国革命的性质、对象、任务、动力，提出通过新民主主义革命走向社会主义的两步走战略，制定了新民主主义革命总路线，开辟了以农村包围城市、最后夺取全国胜利的革命道路。毛泽东同志创造性地解决了在中国这种特殊的社会历史条件下建设马克思主义政党的一系列重大问题，把党建设成为用科学理论和革命精神武装起来的、同人民群众有着血肉联系的、思想上政治上组织上完全巩固的马克思主义政党。毛泽东同志创造性地解决了缔造一个在党的绝对领导下的人民武装力量的一系列重大问题，建成一支具有一往无前精神、能压倒一切敌人而决不被敌人所屈服的新型人民军队。毛泽东同志创造性地解决了团结全民族最大多数人共同奋斗的革命统一战线的一系列重大问题，为党和人民事业凝聚了一支最广大的同盟军。毛泽东同志带领我们党创造性地提出和实施了一系列正确的战略策略，及时解决了中国革命进程中一道道极为复杂的难题，引导中国革命航船不断乘风破浪前进"[1]。

习近平总书记指出："在为中国人民不懈奋斗的光辉一生中，毛泽东同志表现出一个伟大革命领袖高瞻远瞩的政治远见、坚定不移的革命信念、勇于开拓的非凡魄力、炉火纯青的斗争艺术、杰出高超的领导才能。他思想博大深邃、胸怀坦荡宽广，文韬武略兼备、领导艺术高超，心系人民群众、终生艰苦奋斗，为中华民族和中国人民建立了不朽

---

[1] 《十八大以来重要文献选编》（上），中央文献出版社2014年版，第689—690页。

功勋。"①实现中华民族伟大复兴，关键在党。今天，我们正在进行具有许多新的历史特点的伟大斗争。全党要牢记毛泽东提出的"我们决不当李自成"的深刻警示，牢记"两个务必"，牢记"生于忧患，死于安乐"的古训，着力解决好"其兴也勃焉，其亡也忽焉"的历史性课题，增强党要管党、从严治党的自觉，提高党的执政能力和领导水平，增强党自我净化、自我完善、自我革新、自我提高能力。习近平总书记指出："毛泽东同志是伟大的马克思主义者，伟大的无产阶级革命家、战略家、理论家，是马克思主义中国化的伟大开拓者，是近代以来中国伟大的爱国者和民族英雄，是党的第一代中央领导集体的核心，是领导中国人民彻底改变自己命运和国家面貌的一代伟人。"②他还指出："毛泽东同志属于中国，也属于世界。他不仅赢得了全党全国各族人民爱戴和敬仰，而且赢得了世界上一切向往进步的人们敬佩。毛泽东同志的革命实践和光辉业绩已经载入中华民族史册。他的名字、他的思想、他的风范，将永远鼓舞我们继续前进。"③

三、邓小平理论、"三个代表"重要思想、科学发展观是马克思主义中国化的理论成果

马克思主义具有与时俱进的理论品质。恩格斯强调："我们的理论是发展着的理论，而不是必须背得烂熟并机械地加以重复的教条。"④列宁

---

① 《十八大以来重要文献选编》（上），中央文献出版社2014年版，第692页。
② 《十八大以来重要文献选编》（上），中央文献出版社2014年版，第687页。
③ 《十八大以来重要文献选编》（上），中央文献出版社2014年版，第692页。
④ 《马克思恩格斯选集》第4卷，人民出版社2012年版，第588页。

也强调："我们决不把马克思的理论看作某种一成不变的和神圣不可侵犯的东西；恰恰相反，我们深信：它只是给一种科学奠定了基础，社会党人如果不愿落后于实际生活，就应当在各方面把这门科学推向前进。"[1]改革开放以后，中国共产党不断推进党的理论创新，形成了邓小平理论、"三个代表"重要思想和科学发展观等重大理论成果。正因为中国共产党注重党在改革开放后的理论创新，用发展的理论指导改革开放的实践，才在建设中国特色社会主义的历史进程中，始终站在时代前列带领人民不断开创事业发展新局面，始终成为中国特色社会主义事业的坚强领导核心。

第一，邓小平理论阐明了在中国建设社会主义、巩固和发展社会主义的基本问题。1956年，党的八大制定了一条社会主义建设的正确路线，并提出了一系列有利于社会主义建设的方针政策。但是，由于当时我们党对世情、国情、党情的错误判断，使这一时期的社会主义建设呈现出两大基本特点：一是群众运动，二是阶级斗争，极大地干扰了"八大"正确路线在实践中的实施。为彻底结束"文化大革命"的"左"的错误，拨乱反正，邓小平认为首先要解决思想僵化的问题。邓小平指出："一个党，一个国家，一个民族，如果一切从本本出发，思想僵化，迷信盛行，那它就不能前进，它的生机就停止了，就要亡党亡国。"[2]于是，邓小平倡导了"真理标准问题的大讨论"，推动了全党的思想解放，为恢复党的实事求是的思想路线奠定了基础。特别是1978年党的十一届三中全会，完成了党和国家的工作中心由以阶级斗争为纲向以经济建设为中心的战略性转移，提出了坚持改革开放的正确方针。以此为标志，中国进入了

---

[1]《列宁选集》第1卷，人民出版社2012年版，第274页。
[2]《邓小平文选》第2卷，人民出版社1994年版，第143页。

改革开放的新时期，标志着中国共产党开创了以改革开放为主要特征建设中国特色社会主义伟大事业。

改革开放、建设中国特色社会主义，作为中国共产党领导全国人民在新的历史条件下进行的新的伟大革命，必须有适应改革开放要求的新理论来指导。这种新的理论，必须与马克思列宁主义、毛泽东思想一脉相承，不能抛弃马克思列宁主义、毛泽东思想，不能丢掉"老祖宗"，因为马克思列宁主义、毛泽东思想是我们党的指导思想的理论基础，丢掉了它就等于丢掉了灵魂；这种新的理论又必须是对马克思列宁主义、毛泽东思想的与时俱进，必须符合新的时代特征，符合人民群众的根本利益，因为马克思列宁主义、毛泽东思想是随着时代和实践不断发展而发展的科学理论，是最广大人民根本利益的理论体现。因此，为创立新的理论邓小平作出了两大历史性贡献。一是科学评价毛泽东的历史地位和毛泽东思想，二是创立了建设中国特色社会主义理论，这一理论在1997年召开的党的十五大上被冠以邓小平的名字——邓小平理论。党章指出："十一届三中全会以来，以邓小平同志为主要代表的中国共产党人，总结新中国成立以来正反两方面的经验，解放思想，实事求是，实现全党工作中心向经济建设的转移，实行改革开放，开辟了社会主义事业发展的新时期，逐步形成了建设中国特色社会主义的路线、方针、政策，阐明了在中国建设社会主义、巩固和发展社会主义的基本问题，创立了邓小平理论。"[①]

邓小平关于什么是社会主义怎样建设社会主义的这一重大理论和实践课题的回答和解决，为我们指明了建设中国特色社会主义的现实道路，是对马克思主义的科学社会主义学说的重大发展。它深刻地反映了社会

---

① 《中国共产党章程》，人民出版社2022年版，第2页。

主义各方面的内部联系和内在规律，指明了中国特色社会主义的发展方向。这是邓小平对中国特色社会主义理论体系最重大的历史性贡献。其中最重要的主要体现在两个方面：一是在党的十三大上提出了社会主义初级阶段理论，并在这一理论基础上制定了党在社会主义初级阶段的基本路线，从而解决了建设中国特色社会主义的中心——经济建设，基本点——坚持四项基本原则、坚持改革开放，依靠力量——全国各族人民，途径——自力更生、艰苦创业，目标——把我国建设成为富强、民主、文明的社会主义现代化国家。二是明确指出：计划和市场经济手段；在改革开放问题上要警惕右，但主要是防止"左"；在评判改革开放得失成败的根本标准问题上要坚持"三个有利于"——是否有利于发展社会主义生产力、是否有利于增强社会主义综合国力、是否有利于提高人民的生活水平。同时，邓小平还告诫全党，办好中国的事情，关键在党。正是在邓小平理论的指导下，中国特色社会主义获得了长足发展，将中国的改革开放推向了新的阶段。

第二，始终做到"三个代表"，是我们党的立党之本、执政之基、力量之源。《中共中央关于党的百年奋斗重大成就和历史经验的决议》指出，"党的十三届四中全会以后，以江泽民同志为主要代表的中国共产党人，团结带领全党全国各族人民，坚持党的基本理论、基本路线，加深了对什么是社会主义、怎样建设社会主义和建设什么样的党、怎样建设党的认识，形成了'三个代表'重要思想"[①]。

"三个代表"重要思想的形成和提出经历了一个酝酿、形成以及逐步深化发展的过程。江泽民指出："我提出这个问题，是经过了长时期思考

---

① 《中国共产党第十九届中央委员会第六次全体会议文件汇编》，人民出版社2021年版，第36—37页。

的。在实行改革开放和发展社会主义市场经济的条件下,'建设一个什么样的党、怎样建设党',是一个重大的现实问题,直接关系到我们党和国家的前途命运。党的十四届四中全会和十五大提出的党的建设的新的伟大工程,就是回答这个问题的。"①

20世纪80年代末以来,世界上一些国家和地区执政几十年的老党、大党,先后失去了政权,有的甚至走向衰亡。进入21世纪,国际国内形势和正在发生的广泛而深刻的变化,使我们党面临着前所未有机遇的同时,也面临着严峻的考验。如何在新的条件下为人民执好政,用好权,发挥好执政党的作用,需要在党的建设的道路上做出新的探索。党的十三届四中全会以来,以江泽民同志为核心的党的第三代中央领导集体在领导和推进党的建设新的伟大工程过程中,结合新的实际,对社会主义市场经济条件下执政党建设的一系列重要理论和实践问题作了深刻阐述。

1989年6月,党的十三届四中全会以后,以江泽民同志为核心的党的第三代中央领导集体根据邓小平关于"这个党该抓了,不抓不行了"②的意见,围绕在新的历史条件下,建设一个什么样的党、怎样建设党这个基本问题,聚精会神、坚持不懈地抓党的建设。强调:"要把中国的事情办好,关键在我们党。"③这取决于党的思想、作风、组织、纪律状况和战斗力、领导水平。我们党所以赢得人民的拥护,是因为我们党在革命、建设、改革的各个历史时期,总是代表着中国先进生产力的发展要求,代表着中国先进文化的前进方向,代表着中国最广大人民的根本利

---

① 江泽民:《论党的建设》,中央文献出版社2001年版,第422页。
② 《邓小平文选》第3卷,人民出版社1993年版,第314页。
③ 《江泽民文选》第2卷,人民出版社2006年版,第547页。

益，并通过制定正确的路线方针政策，为实现国家和人民的根本利益而不懈奋斗。

第三，科学发展观深刻认识和回答了新形势下实现什么样的发展、怎样发展等重大问题。党的十六大以来，以胡锦涛同志为主要代表的中国共产党人，坚持以邓小平理论和"三个代表"重要思想为指导，根据新的发展要求，深刻认识和回答了新形势下实现什么样的发展、怎样发展等重大问题，形成了以人为本、全面协调可持续发展的科学发展观。

2003年7月1日，在纪念中国共产党建党八十二周年之际，胡锦涛在学习贯彻"三个代表"重要思想理论研讨会上发表了重要讲话。他强调："群众利益无小事。凡是涉及群众的切身利益和实际困难的事情，再小也要竭尽全力去办。"[1]

在这次讲话中，胡锦涛强调，"坚持立党为公、执政为民，必须落实到关心群众生产生活工作中去"[2]。政策和策略是党的生命。党的十一届三中全会以来逐步形成的一系列路线方针政策，符合我国国情，代表全国人民的根本利益，深受广大人民群众的拥护，是完全正确的。我们必须始终不渝地坚持党的基本理论、基本路线、基本纲领和基本经验，并结合各地各部门各单位的实际，制定和实施深化改革、促进发展、保持稳定的具体方针政策，把改革的力度、发展的速度和群众可承受的程度统一起来。在利益多样化的情况下，要时刻牢记最大多数人的利益和全社会全民族的积极性创造性对党和国家事业的发展是最具有决定性因素的观点，在各项工作中基本着眼点要代表最广大人民群众的根本利益，同时要正确反映和统筹兼顾不同方面群众的利益，使全体人民朝着共同

---

[1] 《胡锦涛文选》第2卷，人民出版社2016年版，第58页。
[2] 《胡锦涛文选》第2卷，人民出版社2016年版，第58页。

富裕的目标前进。

2003年10月，中国共产党十六届三中全会在北京召开，会议通过了《中共中央关于完善社会主义市场经济体制若干问题的决定》，提出要坚持以人为本，树立全面、协调、可持续的科学发展观。2004年在邓小平同志诞辰100周年纪念大会上，胡锦涛强调，"我们要坚持树立和落实科学发展观，不断开创经济、政治、文化全面发展新局面"[①]。要牢固树立和认真落实以人为本，全面、协调、可持续的发展观，充分利用重要战略机遇期，切实抓好发展这个党执政兴国的第一要务，统筹城乡发展，统筹区域发展，统筹经济社会发展，统筹人与自然和谐发展，统筹国内发展和对外开放，推动社会主义物质文明、政治文明和精神文明协调发展，促进人的全面发展。要积极推进改革开放，不断完善社会主义市场经济体制和其他方面的体制，自觉调整和改革生产关系同生产力、上层建筑同经济基础不相适应的方面和环节，为各方面发展提供强大动力。

四、习近平新时代中国特色社会主义思想实现了马克思主义中国化新的飞跃

2018年5月4日，习近平总书记在纪念马克思诞辰200周年大会上指出："理论的生命力在于不断创新，推动马克思主义不断发展是中国共产党人的神圣职责。我们要坚持用马克思主义观察时代、解读时代、引领时代，用鲜活丰富的当代中国实践来推动马克思主义发展，用宽广视

[①]《胡锦涛文选》第2卷，人民出版社2016年版，第215页。

第三章　党的指导思想

野吸收人类创造的一切优秀文明成果，坚持在改革中守正出新、不断超越自己，在开放中博采众长、不断完善自己，不断深化对共产党执政规律、社会主义建设规律、人类社会发展规律的认识，不断开辟当代中国马克思主义、二十一世纪马克思主义新境界！"[1]

中国共产党的历史，就是一部不断推进马克思主义中国化的历史，就是一部不断推进理论创新、进行理论创造的历史。党的十八大以来，中国特色社会主义进入新时代。党面临的主要任务是，实现第一个百年奋斗目标，开启实现第二个百年奋斗目标新征程，朝着实现中华民族伟大复兴的宏伟目标继续前进。"以习近平同志为主要代表的中国共产党人，坚持把马克思主义基本原理同中国具体实际相结合、同中华优秀传统文化相结合，坚持毛泽东思想、邓小平理论、'三个代表'重要思想、科学发展观，深刻总结并充分运用党成立以来的历史经验，从新的实际出发，创立了习近平新时代中国特色社会主义思想。"[2]

党的二十大报告指出："我们党勇于进行理论探索和创新，以全新的视野深化对共产党执政规律、社会主义建设规律、人类社会发展规律的认识，取得重大理论创新成果，集中体现为新时代中国特色社会主义思想。十九大、十九届六中全会提出的'十个明确'、'十四个坚持'、'十三个方面成就'概括了这一思想的主要内容，必须长期坚持并不断丰富发展。"[3]

---

[1]《十九大以来重要文献选编》(上)，中央文献出版社2019年版，第434—435页。

[2]《中国共产党第十九届中央委员会第六次全体会议文件汇编》，人民出版社2021年版，第10页。

[3] 习近平：《高举中国特色社会主义伟大旗帜　为全面建设社会主义现代化国家而团结奋斗——在中国共产党第二十次全国代表大会上的报告》，人民出版社2022年版，第17页。

"十个明确"即：明确中国特色社会主义最本质的特征是中国共产党领导，中国特色社会主义制度的最大优势是中国共产党领导，中国共产党是最高政治领导力量，全党必须增强"四个意识"、坚定"四个自信"、做到"两个维护"；明确坚持和发展中国特色社会主义，总任务是实现社会主义现代化和中华民族伟大复兴，在全面建成小康社会的基础上，分两步走在本世纪中叶建成富强民主文明和谐美丽的社会主义现代化强国，以中国式现代化推进中华民族伟大复兴；明确新时代我国社会主要矛盾是人民日益增长的美好生活需要和不平衡不充分的发展之间的矛盾，必须坚持以人民为中心的发展思想，发展全过程人民民主，推动人的全面发展、全体人民共同富裕取得更为明显的实质性进展；明确中国特色社会主义事业总体布局是经济建设、政治建设、文化建设、社会建设、生态文明建设"五位一体"，战略布局是全面建设社会主义现代化国家、全面深化改革、全面依法治国、全面从严治党四个全面；明确全面深化改革总目标是完善和发展中国特色社会主义制度、推进国家治理体系和治理能力现代化；明确全面推进依法治国总目标是建设中国特色社会主义法治体系、建设社会主义法治国家；明确必须坚持和完善社会主义基本经济制度，使市场在资源配置中起决定性作用，更好发挥政府作用，把握新发展阶段，贯彻创新、协调、绿色、开放、共享的新发展理念，加快构建以国内大循环为主体、国内国际双循环相互促进的新发展格局，推动高质量发展，统筹发展和安全；明确党在新时代的强军目标是建设一支听党指挥、能打胜仗、作风优良的人民军队，把人民军队建设成为世界一流军队；明确中国特色大国外交要服务民族复兴、促进人类进步，推动建设新型国际关系，推动构建人类命运共同体；明确全面从严治党的战略方针，提出新时代党的建设总要求，全面推进党的政治建设、思想建设、组织建设、作风建设、纪律建设，把制度建设贯穿其中，深入推进反腐败斗争，落实管党治党政治责任，以伟大自我革命引领伟大社会革命。

"十四个坚持"即：坚持党对一切工作的领导；坚持以人民为中心；坚持全面深化改革；坚持新发展理念；坚持人民当家作主；坚持全面依法治国；坚持社会主义核心价值体系；坚持在发展中保障和改善民生；坚持人与自然和谐共生；坚持总体国家安全观；坚持党对人民军队的绝对领导；坚持"一国两制"和推进祖国统一；坚持推动构建人类命运共同体；坚持全面从严治党。

"十三个方面成就"即：在坚持党的全面领导上，党中央权威和集中统一领导得到有力保证，党的领导制度体系不断完善，党的领导方式更加科学，全党思想上更加统一、政治上更加团结、行动上更加一致，党的政治领导力、思想引领力、群众组织力、社会号召力显著增强。在全面从严治党上，党的自我净化、自我完善、自我革新、自我提高能力显著增强，管党治党宽松软状况得到根本扭转，反腐败斗争取得压倒性胜利并全面巩固，党在革命性锻造中更加坚强。在经济建设上，我国经济发展平衡性、协调性、可持续性明显增强，国家经济实力、科技实力、综合国力跃上新台阶，我国经济迈上更高质量、更有效率、更加公平、更可持续、更为安全的发展之路。在全面深化改革开放上，党不断推动全面深化改革向广度和深度进军，中国特色社会主义制度更加成熟更加定型，国家治理体系和治理能力现代化水平不断提高，党和国家事业焕发出新的生机活力。在政治建设上，积极发展全过程人民民主，我国社会主义民主政治制度化、规范化、程序化全面推进，中国特色社会主义政治制度优越性得到更好发挥，生动活泼、安定团结的政治局面得到巩固和发展。在全面依法治国上，中国特色社会主义法治体系不断健全，法治中国建设迈出坚实步伐，党运用法治方式领导和治理国家的能力显著增强。在文化建设上，我国意识形态领域形势发生全局性、根本性转变，全党全国各族人民文化自信明显增强，全社会凝聚力和向心力极大提升，为新时代开创党和国家事业新局面提供了坚强思想保证和强大精神力量。在社会建设上，人民生活全方位改善，社会治理社会化、法治化、智能化、专业化水平大幅度提升，发展了人民安居乐业、社会安定有序的良好局面，续写了社会长期稳定奇迹。在生态文明建设上，党中央以前所未有的力度抓生态文明建设，美丽中国建设迈出重大步伐，我国生态环境保护发生历史性、转折性、全局性变化。在国防和军队建设上，人民军队实现整体性革命性重塑、重整行装再出发，国防实力和经济实力同步提升，人民军队坚决履行新时代使命任务，以顽强斗争精神和实际行动捍卫了国家主权、安全、发展利益。在维护国家安全上，国家安全得到全面加强，经受住了来自政治、经济、意识形态、自然界等方面的风险挑战考验，为党和国家兴旺发达、长治久安提供了有力保证。在坚持"一国两制"和推进祖国统一上，党中央采取一系列标本兼治的举措，坚定落实"爱国者治港""爱国者治澳"，推动香港局势实现由乱到治的重大转折，为推进依法治港治澳、促进"一国两制"实践行稳致远打下了坚实基础；坚持一个中国原则和"九二共识"，坚决反对"台独"分裂行径，坚决反对外部势力干涉，牢牢把握两岸关系主导权和主动权。在外交工作上，中国特色大国外交全面推进，构建人类命运共同体成为引领时代潮流和人类前进方向的鲜明旗帜，我国外交在世界大变局中开创新局、在世界乱局中化危为机，我国国际影响力、感召力、塑造力显著提升。

第四章　党的宗旨

马克思、恩格斯在《共产党宣言》中阐述了一个重要思想，那就是"共产党人不是同其他工人政党相对立的特殊政党。他们没有任何同整个无产阶级的利益不同的利益"①。中国共产党从成立时起，就强调是中国人民和中华民族利益的忠实代表。全心全意为人民服务是党的根本宗旨。

---

① 《马克思恩格斯文集》第 2 卷，人民出版社 2009 年版，第 44 页。

第四章 党的宗旨

一、全心全意为人民服务是党的根本宗旨

全心全意为人民服务是党的根本宗旨，这是由工人阶级同最广大劳动人民群众利益的一致性决定的。工人阶级革命与历史上的革命有着本质的区别。过去的一切革命，都是以一种剥削制度代替另一种剥削制度。而工人阶级革命则是要消灭一切剥削制度和阶级差别，解放全人类，实现共产主义的社会制度。工人阶级的这种利益要求和运动目的不仅完全符合社会发展的方向，而且同广大人民群众的根本利益也是完全一致的。中国共产党100多年来进行的一切奋斗，归根到底都是为了最广大人民的利益。我们党始终坚持人民的利益高于一切。党除了最广大人民的利益，没有自己特殊的利益。党的一切工作，必须以最广大人民的根本利益为最高标准。

毛泽东始终认为共产党不是一个特殊利益集团。"共产党是为民族、为人民谋利益的政党，它本身决无私利可图。它应该受人民的监督，而决不应该违背人民的意旨。它的党员应该站在民众之中，而决不应该站在民众之上。"[①]他1944年在《为人民服务》的讲演中明确指出："我们的共产党和共产党所领导的八路军、新四军，是革命的队伍。我们这个队伍完全是为着解放人民的，是彻底地为人民的利益工作的。"[②]

邓小平在党的八大上指出："同资产阶级的政党相反，工人阶级的政党不是把人民群众当作自己的工具，而是自觉地认定自己是人民群众在

---

① 《毛泽东选集》第3卷，人民出版社1991年版，第809页。
② 《毛泽东选集》第3卷，人民出版社1991年版，第1004页。

特定的历史时期为完成特定的历史任务的一种工具。共产党——这是工人阶级和劳动人民中先进分子的集合体，它对于人民群众的伟大的领导作用，是不容怀疑的。但是，它之所以成为先进部队，它之所以能够领导人民群众，正因为，而且仅仅因为，它是人民群众的全心全意的服务者，它反映人民群众的利益和意志，并且努力帮助人民群众组织起来，为自己的利益和意志而斗争。"①

既然共产党除了工人阶级和最广大劳动人民群众的利益之外没有也不追求特殊的利益，因而党就必须把一切从人民的利益出发，全心全意为人民服务，作为自己的根本立场和唯一宗旨。

能否自觉地代表和保护人民群众的利益，全心全意地为人民服务，是区分工人阶级政党同任何其他政党的根本标志。识别和判断一个政党的性质和作用，归根到底是看它代表什么人的利益，为什么人服务。资产阶级政党尽管在它的活动中会打出代表"国民""人民"的旗号，甚至也会做出某些符合群众要求和愿望的行动。但从本质上来讲，它们不可能完全彻底地为人民谋利益，反而会成为资产阶级压迫人民的工具。而作为工人阶级政党的共产党，则是自觉地始终如一地为人民大众谋利益的。共产党是以实现共产主义社会制度为最高纲领、最终目标的政党。党在各个时期的路线、方针和政策，都是实现党的最终目标的具体步骤。

党的最终目标，党在各个时期的路线、方针和政策，不仅代表了工人阶级的利益和要求，也代表了最广大人民群众的利益和愿望。党的利益、工人阶级的利益同人民群众的利益，在各个历史时期都是完全一致的。党在为工人阶级利益奋斗的时候，它代表最广大人民群众的利益，也在为人民利益而奋斗。从这种意义上说，工人阶级政党是工人阶级的

---

① 《邓小平文选》第1卷，人民出版社1994年版，第217—218页。

先锋队，也是人民群众利益的忠实代表，是人民群众的先锋队。中国共产党在强调党是工人阶级的先锋队的同时，又规定中国共产党是中国人民和中华民族利益的忠实代表，更加完整地概述了中国共产党的性质，把全党的认识提高到一个新水平。

二、把党的根本宗旨贯穿党的一切活动

1981年6月27日至29日，中共十一届六中全会一致通过了《中国共产党中央委员会关于建国以来党的若干历史问题的决议》指出，"党是阶级的先进部队，党是为人民的利益而存在和奋斗的，但是党永远只是人民的一小部分；离开人民，党的一切斗争和理想不但都会落空，而且都要变得毫无意义"[①]。我们党的整个历史说明，中国共产党始终把代表工人阶级和最广大人民群众的利益作为党的根本立场，把全心全意为人民服务作为党的根本宗旨贯穿党的一切活动。

第一，中国共产党的政治纲领和路线集中反映和体现最广大人民群众的根本利益。中国共产党以实现共产主义的社会制度作为自己的最终奋斗目标，这从根本上代表了我国最广大人民群众的利益。同时，在革命发展的每一个阶段上，中国共产党都从广大人民群众的利益出发，把人民需要不需要、人民拥护不拥护、人民赞成不赞成作为制定党的路线和各项改革的根本出发点，并在执行党的路线和政策的过程中，把人民拥护不拥护、赞成不赞成作为检验党的路线和政策正确与否的根本标准。

---

① 《十一届三中全会以来重要文献选读》（上），人民出版社1987年版，第340—341页。

第二，中国共产党始终坚持了一切为了群众、一切依靠群众，从群众中来，到群众中去的群众路线的工作方法和工作作风。密切联系群众，这是中国共产党的优良传统和作风，也是我们党力量的源泉和胜利之本。中国共产党在长期革命斗争和建设中，把马克思主义关于人民群众是历史的创造者的原理系统地运用到党的全部活动中，形成了贯穿党的一切工作的群众路线，使党在我国革命和建设发展的各个时期，始终同群众保持了最密切的联系。群众路线就是党的全心全意为人民服务的宗旨在党的工作作风和工作方法上的具体化，是党的基本工作方法和工作作风，是党的根本工作路线。坚持群众路线，在工作作风上，就必须充分相信群众，依靠群众，向群众负责，遇事同群众商量，同群众共甘苦；在工作方法上，采取从群众中来，到群众中去的方法，也就是将群众的意见集中起来，化为系统的意见，到群众中去宣传，化为群众的意见，使群众坚持下去，化为群众的行动，并在群众的行动中检验这些意见是否正确。如此循环，使党的路线和政策更加正确，党更加代表人民群众的利益。

第三，充分发挥共产党员的先锋模范作用，使党的全心全意为人民服务的宗旨化为广大党员的实际行动。党历来坚持把全心全意为人民服务的宗旨作为加强党的建设的一项根本要求。100多年来，中国共产党一贯要求共产党员坚持人民利益高于一切，个人利益服从人民利益。一部中国共产党党史，是党的各级组织和广大党员忠实地为全国各族人民利益而斗争的历史。在民主革命时期，中国共产党人为探索救国救民的真理，同广大人民群众一起进行了艰苦卓绝的斗争。无数革命先烈为了全中国人民的解放，献出了自己宝贵的生命。他们有的是党的创始人和领导人，有的是普通的共产党员。但他们为实现党的理想和宗旨，都谱写了惊天地、泣鬼神的壮丽诗篇。新中国成立以后，又涌现出了一大批为人民服务的好公仆和共产主义的先锋战士。他们坚持党和人民的利益高于一切，个人利益无条件地服从党的利益，以自己的实际行动，展现了中国共产党人的优秀品质，塑造了共产党人的崇高形象。

2013年习近平总书记在纪念毛泽东诞辰120周年座谈会上的讲话中指出："全心全意为人民服务，是我们党一切行动的根本出发点和落脚点，是我们党区别于其他一切政党的根本标志。党的一切工作，必须以最广大人民根本利益为最高标准。检验我们一切工作的成效，最终都要看人民是否真正得到了实惠，人民生活是否真正得到了改善，人民权益是否真正得到了保障。"[1] 中国共产党在历史发展的各个时期，都忠实地代表了最广大人民群众的利益。正因为坚持全心全意为人民服务的宗旨，中国共产党得到了中国最广大人民群众的拥护，使党同人民群众形成了生死与共的血肉联系，因而取得了中国革命的彻底胜利，建立起了社会主义制度。在改革开放和发展社会主义市场经济的条件下，坚持全心全意为人民服务，保持党同人民群众的密切联系有了更加重要的意义。党章强调："党在任何时候都把群众利益放在第一位，同群众同甘共苦，保持最密切的联系，坚持权为民所用、情为民所系、利为民所谋，不允许任何党员脱离群众，凌驾于群众之上。"[2] 党在自己的工作中实行群众路线，一切为了群众，一切依靠群众，从群众中来，到群众中去，把党的正确主张变为群众的自觉行动。我们党的最大政治优势是密切联系群众，党执政后的最大危险是脱离群众，党风问题、党同人民群众联系问题是关系党生死存亡的问题。

---

[1] 《十八大以来重要文献选编》（上），中央文献出版社2014年版，第697—698页。

[2] 《中国共产党章程》，人民出版社2022年版，第11页。

马克思主义党的建设基本原理

三、始终为中国人民谋幸福，为中华民族谋复兴

任何政党都有自己的宗旨，中国共产党来自于人民、植根于人民、服务于人民，同最广大人民群众有着最紧密的联系。中国共产党是以马克思主义为指导的中国工人阶级的先锋队，始终全心全意地为人民的利益而奋斗，除了工人阶级和最广大人民的利益，没有自己特殊的利益。中国共产党作为工人阶级的先锋队，不仅代表工人阶级的利益，也代表了中国最广大人民的根本利益。中国共产党的性质和最终目的决定了它从成立的那一天起，就是服务于人民解放事业的。人民群众是改造自然和改造社会的主体，是人类发展的根本力量，是历史的创造者，生机勃勃的社会主义也是亿万人民群众创造的，人民群众是我们党的力量源泉。正是在马克思主义科学理论的指导下，中国共产党人把人民拥护不拥护、人民赞成不赞成、人民高兴不高兴、人民答应不答应，作为制定各项方针政策的出发点和归宿，作为判断各项工作成败得失的最高标准。对上级负责与对群众负责的统一，完成党的各项工作与实现人民利益的一致，成为中国共产党人工作作风的显著特征。一切为了群众、一切相信群众、一切依靠群众成为中国共产党取之不尽的力量源泉。共产党员的一切牺牲、努力和斗争都是为了人民群众的福利和解放。全心全意为人民服务，一刻也不脱离群众，保持与人民群众的血肉联系，这是我们党战胜各种困难和风险，不断取得胜利的根本保证。

在中国共产党领导的新民主主义革命时期，以毛泽东为主要代表的中国共产党人为着中华民族的独立、人民群众的解放和国家的繁荣富强，高举起共产主义和社会主义的旗帜，深入工农群众，传播马克思列宁主

义革命真理，启发工人阶级和广大农民群众的革命觉悟，帮助中国广大人民群众认清我国的社会性质和基本国情，认清革命的动力、对象、任务和前途，极大地鼓舞了人民群众的革命热情，团结和带领广大群众投入到了如火如荼的革命斗争中，依靠广大人民群众取得了中国新民主主义革命的胜利，实现了中国由半封建半殖民地社会向独立的民族国家的伟大历史性转变。

在党的革命生涯中，为人民的翻身解放进行了艰苦卓绝的斗争，许多共产党员落入敌人的魔掌，英勇就义。李大钊、瞿秋白、蔡和森、邓中夏、彭湃、张太雷等革命先烈，就是其中的杰出代表。在抗日战争和解放战争中，中国共产党人冒着枪林弹雨，前仆后继，转战南北，为推翻压在人民头上的三座大山，立下了不朽的功勋。中国共产党的实践活动，使广大人民群众认识到：中国共产党确实在为人民利益而斗争，是人民利益的真正代表者。于是，人民群众把党的事业看成是自己的事业，因而许多基本群众、普通的工人农民能够在危急时刻，不惜牺牲个人的一切，或者亲身参加革命，或者掩护我们的党员和战士，形成了共产党员同人民群众之间的鱼水关系，奠定了党最终取得革命胜利的坚实而雄厚的群众基础。正如毛泽东在《论联合政府》中指出的："应该使每个同志明了，共产党人的一切言论行动，必须以合乎最广大人民群众的最大利益，为最广大人民群众所拥护为最高标准。应该使每一个同志懂得，只要我们依靠人民，坚决地相信人民群众的创造力是无穷无尽的，因而信任人民，和人民打成一片，那就任何困难也能克服，任何敌人也不能压倒我们，而只会被我们所压倒。"[①]

总之，我们党过去能够战胜千难万险，渡过重重难关，根本原因是

[①]《毛泽东选集》第3卷，人民出版社1991年版，第1096页。

马克思主义党的建设基本原理

我们的干部、党员同人民群众始终在一起。我们党和党领导的军队正是深深扎根于广大人民群众之中，依靠了同人民群众的血肉联系，依靠了人民群众的支持，才获得了无坚不摧的力量，才推翻了"三座大山"，建立了新中国。中国革命的胜利是人民群众在中国共产党的领导下坚强奋战而取得的，是靠坚持党的"一切为了群众，一切依靠群众，从群众中来，到群众中去"的群众路线而取得的。

党的十八大以来，以习近平同志为核心的党中央，围绕"打铁还需自身硬"[1]这一庄严承诺，以作风建设为突破口，以党的群众路线教育实践活动为抓手，以反腐倡廉为动力，紧紧围绕全面从严治党这个主线，科学回答了"怎样管好党、治好党"这一时代主题，坚持党要管党、全面从严治党，推动党的建设新的伟大工程进入了新时代。

2013年6月18日，习近平总书记在党的群众路线教育实践活动工作会议上的讲话中指出："什么是优良作风？优良作风就是我们党历来坚持的理论联系实际、密切联系群众、批评和自我批评以及艰苦奋斗、求真务实等作风。在革命、建设、改革等长期实践中，我们党始终要求全党同志坚持光荣传统、发扬优良作风，为党和人民事业不断从胜利走向胜利提供了重要保障。"[2]

2018年12月18日，习近平总书记在庆祝改革开放40周年大会上的讲话中指出："办好中国的事情，关键在党，关键在坚持党要管党、全面从严治党。我们党只有在领导改革开放和社会主义现代化建设伟大社会革命的同时，坚定不移推进党的伟大自我革命，敢于清除一切侵蚀党的健康肌体的病毒，使党不断自我净化、自我完善、自我革新、自我提高，

---

[1] 《十八大以来重要文献选编》（上），人民出版社2014年版，第70页。
[2] 《十八大以来重要文献选编》（上），中央文献出版社2014年版，第308页。

不断增强党的政治领导力、思想引领力、群众组织力、社会号召力，才能确保党始终保持同人民群众的血肉联系。"[1]

党的十八大以来，以习近平同志为核心的党中央聚焦作风建设，率先垂范。2012年12月4日，通过了关于改进工作作风、密切联系群众的中央八项规定。接着又在全党范围内开展了以为民务实清廉为主要内容的群众路线教育实践活动。2015年在县处级以上领导干部中开展了"既严以修身、严以用权、严以律己；又谋事要实、创业要实、做人要实"的"三严三实"专题教育。2016年在全体党员中开展了"学党章党规、学系列讲话，做合格党员"学习教育，进一步解决党员队伍在政治、思想、组织、作风、纪律等方面存在的问题。2016年党的十八届六中全会通过《关于新形势下党内政治生活的若干准则》和《中国共产党党内监督条例》。2017年党的十九大提出在全党开展"不忘初心、牢记使命"的主题教育。2019年发布《中共中央关于加强党的政治建设的意见》。2019年3月1日，习近平总书记在中央党校（国家行政学院）中青年干部培训班开班式上发表重要讲话强调指出，"干部要把党的初心、党的使命铭刻于心，这样，人生奋斗才有更高的思想起点，才有不竭的精神动力。干部要把人民放在心中最高位置。同人民风雨同舟、血脉相通、生死与共，是我们党战胜一切困难和风险的根本保证。离开了人民，我们就会一事无成。要牢记群众是真正的英雄，任何时候都不能忘记为了谁、依靠谁、我是谁，真正同人民结合起来"[2]。

2019年党的十九届四中全会审议通过了《中共中央关于坚持和完善中国特色社会主义制度、推进国家治理体系和治理能力现代化若干重大

---

[1]《十九大以来重要文献选编》（上），中央文献出版社2019年版，第735页。
[2]《习近平谈治国理政》第3卷，外文出版社2020年版，第520页。

问题的决定》(以下简称《决定》),提出了坚持和完善中国特色社会主义制度、推进国家治理体系和治理能力现代化的13项任务。这其中,第一项任务是坚持和完善党的领导制度体系,提高党科学执政、民主执政、依法执政水平。在党的领导制度体系又进行了6项具体制度安排,这是构成党的领导制度体系的基本要素。其中建立"不忘初心、牢记使命"的制度就是要在制度的框架内使全体党员明白"我是谁、为了谁",并在制度的规约下践行党的初心,完成党的历史使命。为人民执政、靠人民执政是党的领导的根本目的和根本方式。健全这方面的制度,就是要坚持以人民为中心,紧紧依靠人民治国理政,确保人民在国家治理中居于主体地位,巩固党执政的阶级基础,厚植党执政的群众基础。《决定》主要从贯彻党的群众路线和健全群团工作体系两个方面具体部署了这方面的制度。关于贯彻党的群众路线,《决定》主要着眼于完善党员、干部联系群众制度,创新互联网时代群众工作机制;关于健全群团工作体系,《决定》主要着眼于推动人民团体增强政治性、先进性、群众性,以确保人民团体能够把各自联系的群众紧紧团结在党的周围。

2020年党的十九届五中全会审议通过了《中共中央关于制定国民经济和社会发展第十四个五年规划和二〇三五年远景目标的建议》(以下简称《建议》)。《建议》是开启全面建设社会主义现代化国家新征程、向第二个百年奋斗目标进军的纲领性文件,是今后五年乃至更长时间我国经济社会发展的行动指南。《建议》把坚持以人民为中心作为"十四五"时期经济社会发展所要遵循的原则之一,不但内含着继续依靠人民推动改革发展的要求,而且提出了更高的要求,那就是让改革发展成果更多更公平惠及全体人民,朝着实现全体人民共同富裕目标不断迈进。

2020年1月8日,习近平总书记在"不忘初心、牢记使命"主题教育总结大会上的讲话中指出:"一个忘记来路的民族必定是没有出路

第四章　党的宗旨

的民族，一个忘记初心的政党必定是没有未来的政党。应该看到，在党长期执政条件下，各种弱化党的先进性、损害党的纯洁性的因素无时不有，各种违背初心和使命、动摇党的根基的危险无处不在，党内存在的思想不纯、政治不纯、组织不纯、作风不纯等突出问题尚未得到根本解决。"[1]初心，意指做某件事的最初的初衷、最初的原因。人皆有初心，组织也如是。中国共产党人的初心和使命，就是为中国人民谋幸福，为中华民族谋复兴。中国共产党从成立的那天起，就宣布自己是代表广大工人阶级和人民群众利益的政党，而且在实践中也和人民群众紧密地联系在一起，始终代表广大工人阶级和人民群众的利益。正是中国共产党的这一最大的政治优势，才使我们党从小到大不断进步，才使党的事业从一个胜利到新的胜利地不断发展。我们要牢记全心全意为人民服务的根本宗旨，牢记人民对美好生活的向往就是我们的奋斗目标。广大党员干部要坚守人民立场，树立以人民为中心的发展理念，增进同人民群众的感情，自觉同人民想在一起、干在一起。

中国共产党的宗旨是全心全意为人民服务，决定了所有党员干部必须真正代表人民掌好权、用好权，而绝不允许以权谋私，绝不允许形成既得利益集团。这里提出的"既得利益"问题是我们加强党的建设，坚持党的全心全意为人民服务的宗旨所必须认真对待的问题。进入新时代，我们要深刻认识党的宗旨，坚持一切为了人民、一切依靠人民，始终把人民放在心中最高位置、把人民对美好生活的向往作为奋斗目标，不忘初心、牢记使命，永远为人民的利益而奋斗。

---

[1]《习近平谈治国理政》第3卷，外文出版社2020年版，第538页。

第五章　党的纲领

党的纲领至关重要。恩格斯指出："一般说来，一个政党的正式纲领没有它的实际行动那样重要。但是，一个新的纲领毕竟总是一面公开树立起来的旗帜，而外界就根据它来判断这个党。"[1]《中国共产党章程》规定："党的最高理想和最终目标是实现共产主义。"[2]党章同时规定了党在社会主义初级阶段的基本纲领，党的最高纲领和基本纲领是统一的。在新时代，我们要坚持最高纲领和最低纲领的统一，为实现中华民族伟大复兴不懈奋斗。

---

[1]《马克思恩格斯选集》第3卷，人民出版社2012年版，第350页。
[2]《中国共产党章程》，人民出版社2022年版，第1页。

第五章　党的纲领

一、党的纲领是党公开树立起来的一面旗帜

党的纲领简称党纲，体现党的总的指导思想，是一个阶级总的政治主张的概括，它规定一个政党的奋斗目标和实现这些目标的行动路线等，是政党制定路线、方针、政策的依据。马克思主义认为，政党的根本属性是阶级性，任何政党都是代表一定的阶级、阶层或社会集团并为其利益而斗争的政治组织。共产党绝不是要成为一个潜在的党，它是要公开申明自己的观点和政治主张的党。

马克思主义经典作家一向十分重视党的纲领的制定。1847年6月，共产主义者同盟第一次代表大会举行。大会讨论了作为该党纲领草案的文件即《共产主义信条草案》，还讨论了它的"修正"稿，认为这些文件存在非科学的因素，委托恩格斯重新起草纲领草案。恩格斯于同年10底11月初写成了题目为《共产主义原理》的纲领草案。草案的内容构成了共产主义者同盟政治路线的雏形。但是，该文件起草完成后不久，恩格斯对它的表达方式不满意，认为它采用问答的形式，而非采取宣言的形式，不具有作为工人阶级政党纲领的特点。于是，在同年11月底12月初举行的共产主义者同盟第二次代表大会上，马克思、恩格斯就共产主义者同盟纲领的科学性要求进一步发表了意见。大会委托他们以宣言的形式拟定同盟的纲领。这样才有1848年2月出版的《共产党宣言》即共产主义者同盟的纲领，从此开创了马克思主义党的纲领理论。

中国共产党是工人阶级先锋队组织，非常注重制定和实施党纲，并进行了大量的实践和探索。从开始成立起，就明确表达了党的奋斗目标和战斗任务，高举起马克思主义纲领的一面旗帜。

马克思主义党的建设基本原理

中国共产党的一大纲领以明确的语言体现了中国共产党从建党伊始就坚持马克思列宁主义建党学说的重要思想和原则。它明确了中国共产党的阶级性质，旗帜鲜明地把宣传共产主义作为党的"首要政策"和奋斗目标，并且坚持用工人阶级革命的手段来实现这个目标，确定了党的组织的原则和纪律。中国共产党一大纲领是中国共产党把马克思列宁主义党的纲领原则运用于中国共产党党建实践的最初成果，它表明了中国共产党的奋斗目标，向全社会公开昭示自己矢志不渝的共产主义理想，对党初创时期的自身建设和党在后来革命与建设中的发展起到重要的奠基作用。

党的二大根据革命的实践和斗争的经验，发展完善了党的一大通过的纲领，规定了党的最高纲领和最低纲领。党的二大之后，伴随着革命实践的深入，中国共产党对中国国情和中国革命有了科学的认知和判断，党的纲领也不断得到完善，如在党的三大、四大上，民主革命纲领得到进一步丰富和发展。到1945年党的七大，以毛泽东同志为主要代表的中国共产党人对党的最高纲领与最低纲领、一般纲领和具体纲领之间的辩证关系作出了科学的阐释，党的纲领更加完善、科学，指导着中国革命继续向科学的道路上前进。

1949年新中国成立后，党由新民主主义社会向社会主义社会过渡，在开始全面建设社会主义时期都提出过阶段性的纲领目标，使党的纲领在理论上和实践中不断得到发展和与时俱进。党的第八次全国代表大会通过的《中国共产党章程》，是中国共产党执政以后制定的第一部党章。党章根据执政党的特点，提出了全面开展社会主义建设的任务。1978年改革开放以后，中国共产党带领最广大人民群众，不断落实党的纲领，也不断发展党的纲领，使党的纲领的内涵进一步丰富。2022年党的二十大部分修改通过的《中国共产党章程》规定："新时代新征程，经济和社

第五章　党的纲领

会发展的战略目标是，到二〇三五年基本实现社会主义现代化，到本世纪中叶把我国建成社会主义现代化强国。"[1]

二、党在社会主义初级阶段的基本路线

我国正处于并将长期处于社会主义初级阶段，这是我们国家最大的实际，最基本的国情。正确认识这个最大实际和基本国情，是中国共产党制定基本路线和基本纲领的基本依据。党章规定："中国共产党在社会主义初级阶段的基本路线是：领导和团结全国各族人民，以经济建设为中心，坚持四项基本原则，坚持改革开放，自力更生，艰苦创业，为把我国建设成为富强民主文明和谐美丽的社会主义现代化强国而奋斗。"[2] 党章同时规定："中国共产党在领导社会主义事业中，必须坚持以经济建设为中心，其他各项工作都服从和服务于这个中心。"[3]

改革开放以后，党在经济、政治、文化、社会、生态等方面提出了一系列基本目标，制定了一系列基本政策。这些目标和政策构成了社会主义初级阶段的基本纲领，成为党在社会主义初级阶段基本的政治主张和行动准则。

1978年党的十一届三中全会在认真总结我国社会主义建设的基本经验的基础上，确定了党和国家的工作中心是经济建设，从而实现了由"以阶级斗争为纲"向"以经济建设为中心"的社会主义建设战略的根

---

[1] 《中国共产党章程》，人民出版社2022年版，第5页。
[2] 《中国共产党章程》，人民出版社2022年版，第5页。
[3] 《中国共产党章程》，人民出版社2022年版，第6页。

马克思主义党的建设基本原理

本性转移,把全党工作的重点和全国人民的注意力转移到社会主义现代化建设上来。1979年1月,中央召开了理论工作务虚会。就是在这次会议上,邓小平作了题为《坚持四项基本原则》的报告。至此,党的基本路线"一个中心、两个基本点"的核心以及实现四个现代化的目标,都已经十分明确。1981年,党的十一届六中全会通过《中国共产党中央委员会关于建国以来党的若干历史问题的决议》,首次提出了"我们的社会主义制度还是处于初级的阶段"①。1982年,党的十二大报告进一步提出"我国的社会主义社会现在还处在初级发展阶段,物质文明还不发达"②。1987年党的十三大正式提出了党在社会主义初级阶段的基本路线,即:领导和团结全国各族人民,以经济建设为中心,坚持四项基本原则,坚持改革开放,自力更生,艰苦创业,为把我国建设成为富强、民主、文明的社会主义现代化国家而奋斗。党的十四大、十五大、十六大都在党章中对这一基本路线作了规定。

随着中国共产党对共产党执政规律、社会主义建设规律以及人类社会发展规律的研究和认识不断发展,人民群众对社会主义现代化建设的要求日益扩展,党的十六大以来对党的基本路线的内涵不断进行丰富和发展,最突出的表现是,党的十七大,把党的基本路线的实现目标由经济、政治、文化"三位一体"发展成为经济、政治、文化、社会"四位一体"。党的十七大通过的党章指出:"中国共产党在社会主义初级阶段的基本路线是:领导和团结全国各族人民,以经济建设为中心,坚持四项基本原则,坚持改革开放,自力更生,艰苦创业,为把我国建设成

---

① 《中国共产党中央委员会关于建国以来党的若干历史问题的决议》,人民出版社1981年版,第53页。

② 《中国共产党第十二次全国代表大会文件汇编》,人民出版社1982年版,第34页。

为富强民主文明和谐的社会主义现代化国家而奋斗。"①在党的基本路线中加入"和谐"二字的意义在于使我们努力和奋斗的目标更全面，强调"富强、民主、文明、和谐"相统一，这就是说，除了坚持以前提出的经济、政治、文化的现代化之外，还强调了社会的现代化，强调了民生的重要性，从而进一步丰富了党的基本路线的内涵。2012年召开的党的十八大继续沿用了十七大关于党的基本路线内涵的表述，但强调了生态文明建设，对推进中国特色社会主义事业作出"五位一体"总体布局。2022年党的二十大修改通过后的党章表述为："领导和团结全国各族人民，以经济建设为中心，坚持四项基本原则，坚持改革开放，自力更生，艰苦创业，为把我国建设成为富强民主文明和谐美丽的社会主义现代化强国而奋斗。"②在突出"富强民主文明和谐"的同时强调"美丽"，顺应了人们对美好生活、美丽家园的渴望。将"美丽"二字写入社会主义现代化强国的目标，意味着从实现中华民族伟大复兴中国梦的历史维度推进生态文明建设，彰显了我们党的远见卓识和使命担当。

三、党在社会主义初级阶段的基本纲领

党在社会主义初级阶段的基本纲领是党在社会主义初级阶段的基本路线在经济、政治、文化、社会和生态文明等方面的展开，是建设中国特色社会主义的基本目标和基本政策。基本纲领按照中国特色社会主义

---

① 《中国共产党第十七次全国代表大会文件汇编》，人民出版社2007年版，第61页。

② 《中国共产党章程》，人民出版社2022年版，第5页。

事业总体布局，全面推进经济建设、政治建设、文化建设、社会建设、生态文明建设，把我国建设成为富强民主文明和谐美丽的社会主义现代化强国。

中国共产党领导人民发展社会主义市场经济，就是毫不动摇地巩固和发展公有制经济，毫不动摇地鼓励、支持、引导非公有制经济发展，发挥市场在资源配置中的决定性作用，更好发挥政府作用，建立完善的宏观调控体系。统筹城乡发展、区域发展、经济社会发展、人与自然和谐发展、国内发展和对外开放，调整经济结构，转变经济发展方式，推进供给侧结构性改革。促进新型工业化、信息化、城镇化、农业现代化同步发展，建设社会主义新农村，走中国特色新型工业化道路，建设创新型国家和世界科技强国。

中国共产党领导人民发展社会主义民主政治，就是坚持党的领导、人民当家作主、依法治国有机统一，走中国特色社会主义政治发展道路、中国特色社会主义法治道路，扩大社会主义民主，建设中国特色社会主义法治体系，建设社会主义法治国家，巩固人民民主专政，建设社会主义政治文明。坚持和完善人民代表大会制度、中国共产党领导的多党合作和政治协商制度、民族区域自治制度以及基层群众自治制度。发展更加广泛、更加充分、更加健全的全过程人民民主，推进协商民主广泛多层制度化发展，切实保障人民管理国家事务和社会事务、管理经济和文化事业的权利。尊重和保障人权。广开言路，建立健全民主选举、民主协商、民主决策、民主管理、民主监督的制度和程序。完善中国特色社会主义法律体系，加强法律实施工作，实现国家各项工作法治化。

中国共产党领导人民发展社会主义先进文化，就是建设社会主义精神文明，实行依法治国和以德治国相结合，提高全民族的思想道德素质和科学文化素质，为改革开放和社会主义现代化建设提供强大的思想保证、精神动力和智力支持，建设社会主义文化强国。加强社会主义核心价值体系建设，坚持马克思主义指导思想，树立中国特色社会主义共同理想，弘扬以爱国主义为核心的民族精神和以改革创新为核心的时代精神，培育和践行社会主义核心价值观，倡导社会主义荣辱观，增强民族自尊、自信和自强精神，抵御资本主义和封建主义腐朽思想的侵蚀，扫除各种社会丑恶现象，努力使我国人民成为有理想、有道德、有文化、有纪律的人民。对党员要进行共产主义远大理想教育。大力发展教育、科学、文化事业，推动中华优秀传统文化创造性转化、创新性发展，继承革命文化，发展社会主义先进文化，提高国家文化软实力。牢牢掌握意识形态工作领导权，不断巩固马克思主义在意识形态领域的指导地位，巩固全党全国人民团结奋斗的共同思想基础。

中国共产党领导人民构建社会主义和谐社会，就是按照民主法治、公平正义、诚信友爱、充满活力、安定有序、人与自然和谐相处的总要求和共同建设、共同享有的原则，以保障和改善民生为重点，解决好人民最关心、最直接、最现实的利益问题，使发展成果更多更公平惠及全体人民，不断增强人民群众获得感，努力形成全体人民各尽其能、各得其所而又和谐相处的局面。加强和创新社会治理。严格区分和正确处理敌我矛盾和人民内部矛盾这两类不同性质的矛盾。加强社会治安综合治理，依法坚决打击各种危害国家安全和利益、危害社会稳定和经济发展的犯罪活动和犯罪分子，保持社会长期稳定。坚持总体国家安全观，统筹发展和安全，坚决维护国家主权、安全、发展利益。

中国共产党领导人民建设社会主义生态文明，就是树立尊重自然、顺应自然、保护自然的生态文明理念，增强绿水青山就是金山银山的意识，坚持节约资源和保护环境的基本国策，坚持节约优先、保护优先、自然恢复为主的方针，坚持生产发展、生活富裕、生态良好的文明发展道路。着力建设资源节约型、环境友好型社会，实行最严格的生态环境保护制度，形成节约资源和保护环境的空间格局、产业结构、生产方式、生活方式，为人民创造良好生产生活环境，实现中华民族永续发展。

建设中国特色社会主义的政治、经济、文化、社会、生态五者相互联系，相互促进，是有机统一，不可分割的整体，共同构成社会主义初级阶段的基本纲领。这个纲领是中国特色社会主义理论体系的重要内容，为建设中国特色社会主义构建了基本的框架和蓝图，是贯彻执行党的基本路线的行动纲领和准则。完整、准确地理解和掌握这一基本纲领，对建设中国特色社会主义伟大事业，有着重要意义。

第六章　党的组织

在国际共产主义运动史上，1847年建立的共产主义者同盟是在科学社会主义基础上建立的国际无产阶级的第一个政党。大会制定了《共产主义者同盟章程》，规定了组织机构：最高立法机关是代表大会，执行机关为中央委员会，下设总区部、区部、支部。虽然马克思、恩格斯没有使用过"民主集中制"这个概念，但这里所提出的民主制和集中制思想，为无产阶级民主集中制原则的形成和确定奠定了基础。1902年，在俄共二大上，列宁明确提出必须按照集中制的原则建设党。1905年12月，列宁在第一次布尔什维克党代表会议上第一次使用了民主集中制的概念。1906年4月，在俄国社会民主工党第四次代表会议上，民主集中制首次被确定为党的组织章程。1919年建立的共产国际明确要求加入共产国际的党应该按照民主集中制建立。中国共产党从1927年6月10日中央政治局通过《中国共产党第一次修正章程》开始，一直把民主集中制作为党的组织原则写入党章。党的十二大党章规定了民主集中制的基本原则，使民主集中制得到丰富和发展。

一、民主集中制是党的根本组织制度

《中国共产党章程》规定："党是根据自己的纲领和章程，按照民主集中制组织起来的统一整体。"[①] 民主集中制是民主基础上的集中和集中指导下的民主相结合的制度。民主集中制是党的根本组织原则和组织制度，是中国共产党巨大的组织优势。要充分认识坚持和健全民主集中制的重大意义，民主集中制的基本要求，坚持和健全民主集中制的基本举措，增强党的组织观念。

任何政党都要建立在一定的组织原则基础之上，中国共产党的根本组织原则就是民主集中制。党的建设的实践一次又一次证明：民主集中制是维系党的生命的根本组织原则和组织制度。什么时候坚持了这个原则，什么时候中国共产党就坚强团结，党的事业兴旺发达就有了重要保证。民主集中制在党的建设中具有十分重要的作用。

第一，党是按照民主集中制组织起来的。党不是党员数量的简单总和，而是按照一定的原则、制度结合起来的。党要有力量，除了思想上、政治上的统一以外，还要有严密的组织。它必须建立自上而下的组织体系，建立各组织间严格的组织生活制度和工作制度，从而保证党的组织协调一致的活动和对各项工作的集中统一领导。而党的这些组织和制度都是根据民主集中制原则建立起来的。

第二，民主集中制对党内其他具体制度具有制约和规范作用。党的制度建设是一项系统工程，党内制度是一个制度体系。在党的各种制度

[①] 《中国共产党章程》，人民出版社 2022 年版，第 17 页。

当中，民主集中制是根本的。其他具体制度的制定都要以民主集中制为根据，都是对民主集中制这个根本制度在党内生活各个领域的展开和体现。如党的组织制度、领导制度、工作制度、生活制度等，都是民主集中制在党的组织、领导、工作和生活中的具体运用。党的领导制度，即集体领导和分工负责相结合的制度，是民主集中制原则在党的领导活动中的运用和具体化；党的工作制度是民主集中制在党的职能部门运行机制中的运用和具体化；党的生活制度是民主集中制在党内生活、党内关系的运用和具体化。可见，党的各项制度、原则的基础和核心是民主集中制。因而，民主集中制不仅是党组织成为有机统一整体的基本依据，是处理党内各种矛盾关系的基本依据，还是中国共产党制定各项具体制度的基本依据，是中国共产党把党的高度统一性与发挥全体党员的创造性结合起来的根本性指导原则。

第三，民主集中制是实现党的正确领导的重要保证。党的建立和存在的必要性，是同党的领导作用相联系的。在党处于执政地位的今天，党的领导的实现，主要是靠把党的正确路线方针政策经过法定程序变为国家意志。可见，党的正确的路线方针政策是实现党的领导的重要条件。然而，党怎样才能制定出正确的路线方针政策，怎样才能正确地执行自己的路线方针政策呢？除了科学理论的指导之外，最重要的就是靠党内民主的充分发挥，靠全党的集体智慧。这就是民主集中制中民主的基本要求。同时，党员的个人意见，如果不加以集中，就永远只能是个人意见而不可能成为党的主张，不可能成为党的路线方针政策。因此，党的组织就必须把分散的党员个人意见按照少数服从多数的原则集中起来。这就是民主集中制中集中的基本要求。同时，实现党的领导，除了有正确的路线、方针、政策之外，还要有完善的领导制度，民主集中制则是党的根本领导制度。同时，民主集中制既强调充分发扬民主，集中全党的智慧和力量；又强调高度集中，实现全党的高度一致。这样既能保证党的领导决策的正确性，又能保证党的领导决策在实践中的贯彻执行，从而实现党的正确领导。

第四，民主集中制是关系党和国家命运的重大问题。中国共产党在长期的实践中所形成的组织制度、领导制度、工作制度、生活制度和监督制度，都体现着民主集中制的原则。同时，民主集中制也是国家政权的组织原则。新中国成立后，中国共产党把这种制度运用于政权建设，在国家机构中实行民主集中制的原则。民主集中制写进了党章，载入了宪法。坚持和完善这一制度，是关系党和国家命运的事情。1962年，邓小平在扩大的中央工作会议上的讲话指出："同志们不要以为建设社会主义没有问题了。刘少奇同志的报告里讲到，毛泽东同志的讲话里也讲到，如果搞得不好，特别是民主集中制执行得不好，党是可以变质的，国家也是可以变质的，社会主义也是可以变质的。干部可以变质，个人也可以变质。"[①]苏联解体、东欧剧变的一个重要原因，就是那里的共产党长期违背民主集中制，最终放弃民主集中制。可见，能否坚持和正确贯彻民主集中制原则，是关系无产阶级政党、社会主义政权生死存亡的重大问题。不仅如此，能否正确贯彻民主集中制，也关系党的领导干部特别是主要领导干部能否健康成长。习近平总书记在中国共产党第十八届中央纪委二次全会上的重要讲话中指出："要加强对一把手的监督，认真执行民主集中制，健全施政行为公开制度，保证领导干部做到位高不擅权、权重不谋私。"[②]时隔一年，习近平总书记在中国共产党第十八届中央纪委三次全会上又一次强调，"民主集中制、党内组织生活制度等党

---

① 《邓小平文选》第1卷，人民出版社1994年版，第303页。
② 《十八大以来重要文献选编》（上），中央文献出版社2014年版，第136页。

的组织制度都非常重要，必须严格执行"①。

坚持和完善民主集中制的根本要求和目标，就是努力在全党造成又有集中又有民主，又有纪律又有自由，又有统一意志又有个人心情舒畅、生动活泼的局面。全党同志都要增强民主观念，充分发展党内民主，发挥广大党员和各级党组织的积极性和创造性，这是党的事业兴旺发达的重要保证，是在党内有自由、有个人心情舒畅、生动活泼局面的基础。全党同志都要增强集中观念，与党中央保持高度的一致，这是全党团结统一的重要保证，是党内有纪律、有统一意志的基础。

《中国共产党章程》规定："民主集中制是民主基础上的集中和集中指导下的民主相结合。"②可见，在民主集中制中，民主与集中是辩证统一的关系。民主是集中的基础和前提，集中是民主的归宿和目的。民主是指党内实行党员群众当家作主，即党内的重大事务，全体党员都有发言权、监督权。集中是指党内重大事务的决定，要根据少数服从多数的原则，按多数党员的意见做出决定和付诸实施。民主与集中就是这样在民主集中制的统一体中相互依存，相互渗透。民主集中制，既要求充分发扬民主，健全民主制度，保障党章规定的党的各级组织和党员的民主权利，使各级党组织和广大党员朝气蓬勃，以自己的积极性和创造性贡献于党的事业，并有效监督党的干部特别是领导干部；又要求在充分发扬民主的基础上实行正确的集中，使全党在思想上政治上保持统一，在行动上做到步调一致。

对民主集中制的基本要求，党章从六个方面作出了明确规定。

一是"四个服从"。即党章规定的党员个人服从党的组织，少数服

---

① 《十八大以来重要文献选编》（上），中央文献出版社2014年版，第767页。
② 《中国共产党章程》，人民出版社2022年版，第12页。

从多数、下级组织服从上级组织、全党各个组织和全体党员服从党的全国代表大会和中央委员会。这"四个服从",明确规定了党内各种矛盾关系及其处理的正确准则。党内的矛盾关系主要表现为:党员个人与党的组织、党员多数与少数、党的下级组织与上级组织、党的组织与党员同党中央之间的矛盾。正确处理这些矛盾关系,民主集中制要求,党员个人服从党的组织,少数服从多数、下级组织服从上级组织、全党各个组织和全体党员服从党的全国代表大会和中央委员会。

二是党的各级领导机关由选举产生。党章规定:"党的最高领导机关,是党的全国代表大会和它所产生的中央委员会。党的地方各级领导机关,是党的地方各级代表大会和它们所产生的委员会。"[1]党的各级领导机关,除了它们派出的代表机关和在非党组织中的党组外,都由选举产生。这就明确规定了党的各级领导机关及其产生办法,即规定了党内选举制度。党内选举制,是党的组织制度的重要组成部分,是由党章规定的有关选举党的各级领导机关和党的代表大会代表的制度。

为了保证党内选举的效果,党章规定了进行党内选举必须坚持正确的原则,主要有:(1)党员选举权平等的原则。其基本含义有两个方面,一是每个党员或代表在一次选举中,只有一票的权利;二是所有党员或代表在平等的基础上参加选举,都是投出平等的一票。(2)充分体现选举人意志的原则。党章规定:"党的各级代表大会的代表和委员会的产生,要体现选举人的意志。"[2]候选人名单要由党组织和选举人充分酝酿讨论。选举人有了解被选举人情况、要求改选候选人、不选任何一个候选人和另选他人的权利。任何组织和个人不得以任何方式强迫选举人选

---

[1]《中国共产党章程》,人民出版社2022年版,第17—18页。
[2]《中国共产党章程》,人民出版社2022年版,第18页。

举或不选举某个人。个别需要由组织上推荐人选的，也必须确实取得多数选举人的同意。（3）无记名投票的原则。党章规定："选举采用无记名投票的方式。"①即选举人在选举时不公开署名投票。这可以防止选举受候选人在场的影响，充分体现选举人意志。（4）差额选举的原则。党章规定："可以直接采用候选人数多于应选人数的差额选举办法进行正式选举。也可以先采用差额选举办法进行预选，产生候选人名单，然后进行正式选举。"②这样可使每个被选举人处于公平的、相等的地位，一样地接受选举人的选择。

三是党的各级领导机关及其产生。党的各级委员会向同级党的代表大会负责并报告工作，这就明确规定了党的各级领导机关即各级党委，同时也明确规定了各级党委的职责即向同级党的代表大会负责并报告工作。因为各级党委是由其同级代表大会产生的。

四是党的上、下级组织之间的关系。党章规定："党的上级组织要经常听取下级组织和党员群众的意见，及时解决他们提出的问题。党的下级组织既要向上级组织请示和报告工作，又要独立负责地解决自己职责范围内的问题。上下级组织之间要互通情报、互相支持和互相监督。"③党的各级组织要使党员对党内事务有更多的了解和参与。这就明确规定了党内上、下级组织之间的关系以及如何正确处理党内上、下级关系。

五是党的领导制度。党章规定："党的各级委员会实行集体领导和分工负责相结合的制度。凡属重大问题，都要按照集体领导、民主集中、

---

① 《中国共产党章程》，人民出版社2022年版，第18页。
② 《中国共产党章程》，人民出版社2022年版，第18页。
③ 《中国共产党章程》，人民出版社2022年版，第18页。

个别酝酿、会议决定的原则，由党的委员会集体讨论，作出决定；委员会成员要根据集体的决定和分工，切实履行自己的职责。"[1]这就明确规定了党的领导制度，即各级党委如何实施领导。党的各级委员会实行集体领导和个人分工负责相结合的制度。

实行集体领导和个人分工负责的领导制度的必要性在于：只有坚持集体领导，才能保证党的领导的科学性和正确性。当代社会，环境的变化愈发迅速，信息的传播愈发迅速，事物的复杂性愈发增强，领导决策的不确定性因素愈发增多，领导过程中的不可测性愈发增大，因此，任何个人决策、经验决策，都有可能导致决策失误和领导失效。而实行集体领导，可以发挥党委每个成员的积极性和责任心；可以集中大家的经验和智慧；增长和发挥多数人的才干；可以增强集体监督；可以保持党委领导的稳定性和连续性。从而保证党的决策和党的领导正确和有效。同时，党委成员个人分工负责，这样可以使党委集体智慧与党委成员的个人智慧得到有效发挥和最佳结合，既可以防止以集体领导为借口而引发的无人负责现象，又可以发挥每个党委成员的强项和优势，认真负责地把党委的决策落实到实际工作中。

六是党的领袖与群众的关系。党章规定："党禁止任何形式的个人崇拜。要保证党的领导人的活动处于党和人民的监督之下，同时维护一切代表党和人民利益的领导人的威信。"[2]这就明确规定了党的领袖与党员群众之间的关系以及如何正确处理领袖与群众的关系。

---

[1] 《中国共产党章程》，人民出版社2022年版，第18页。
[2] 《中国共产党章程》，人民出版社2022年版，第18页。

二、中国共产党有着严密的组织体系

中国共产党自上而下地建立了各级组织机构和领导机关,各级组织之间互相连接,形成不可分割的严密的组织体系,党的组织体系的设置是随着历史的发展而不断健全和完善的。

在党的组织体系中,可分为党的中央组织、党的各级地方组织和党的基层组织三个层次。这三个层次的组织形式和机构,各自有着不同的内涵,有着不同的职责,但又是相互联系、不可分割的。如果在哪一级出现问题,都会从整体上影响党的作用的发挥,影响党的任务的完成。党的组织体系中的这三个层次之间,是上、下级之间的关系,是领导与被领导的关系。正是由于有这样一个严密的组织体系,才保证了我们这个有9800多万名党员的大党,能够正常地组织活动,能够使每个党员都在党的组织中活动,都在党的组织中发挥主体作用和创造能力。也正是由于有这样一个严密的组织体系,才保证了我们这个有9800多万名党员的大党,能够统一思想,统一行动,构成了完整统一的战斗整体,具有强大的凝聚力和战斗力。

第一,党的中央组织是党的首脑机关。党的中央组织,包括党的全国代表大会和它产生的中央委员会、中央纪律检查委员会、党的中央军事委员会以及由党的中央委员会选举产生的中央政治局、中央政治局常务委员会和中央委员会总书记。

一是党的全国代表大会是党的最高权力机关。党的全国代表大会,由全体党员通过直接或间接形式选举出来的党的全国代表大会代表组成,代表全体党员的共同意志,决策全党的重大事情,对国家发展的大政方

第六章 党的组织

针提出建议。因此，可以说，党的全国代表大会决定着党的发展方向，决定着国家和民族的发展方向。党的全国代表大会代表的名额和选举办法，由中央委员会决定。

党章规定："党的全国代表大会每五年举行一次，由中央委员会召集。中央委员会认为有必要，或者有三分之一以上的省一级组织提出要求，全国代表大会可以提前举行；如无非常情况，不得延期举行。"[1]

党章规定："党的全国代表大会的职权是：（一）听取和审查中央委员会的报告；（二）审查中央纪律检查委员会的报告；（三）讨论并决定党的重大问题；（四）修改党的章程；（五）选举中央委员会；（六）选举中央纪律检查委员会。"[2]

二是党的全国代表大会产生的中央委员会。党的中央委员会由党的全国代表大会选举产生，在全国代表大会闭会期间，中央委员会执行全国代表大会的决议，领导党的全部工作，对外代表中国共产党。党的中央委员会与党的全国代表大会的任期相同，每届任期五年。党的全国代表大会如提前或延期举行，它的任期相应地改变。中央委员会委员和候补委员必须有五年以上的党龄。中央委员会委员和候补委员的名额，由全国代表大会决定。中央委员会委员出缺，由中央委员会候补委员按照得票多少依次递补。中央委员会全体会议由中央政治局召集，每年至少举行一次。中央政治局向中央委员会全体会议报告工作，接受监督。

三是党的全国代表大会产生的中央纪律检查委员会。党的中央纪律检查委员会由党的全国代表大会选举产生，在党的中央委员会领导下进行工作。党的中央纪律检查委员会每届任期同中央委员会的任期相同。

---

[1]《中国共产党章程》，人民出版社 2022 年版，第 20 页。
[2]《中国共产党章程》，人民出版社 2022 年版，第 20—21 页。

党的中央纪律检查委员会全体会议，选举常务委员会和书记、副书记，并报党的中央委员会批准。党的中央纪律检查委员会根据工作需要，可以向中央一级党和国家机关派驻党的纪律检查组或纪律检查员，纪律检查组组长或纪律检查员可以列席该机关党的领导组织的有关会议。他们的工作必须受到该机关党的领导组织的支持。

四是党的全国代表大会产生的中央军事委员会。党的中央军事委员会组成人员由中央委员会决定。中国人民解放军的党组织，根据中央委员会的指示进行工作。中央军事委员会的政治工作机关是中国人民解放军总政治部，总政治部负责管理军队中党的工作和政治工作。军队中党的组织体制和机构，由中央军事委员会作出规定。

五是党的中央委员会产生的中央政治局、中央政治局常务委员会和中央委员会总书记。中央政治局和它的常务委员会在中央委员会全体会议闭会期间，行使中央委员会的职权。党的中央政治局、中央政治局常务委员会和中央委员会总书记，都要由中央委员会全体会议选举。中央委员会总书记必须从中央政治局常务委员会委员中产生。中央委员会总书记负责召集中央政治局会议和中央政治局常务委员会会议，并主持中央书记处的工作。中央书记处是中央政治局和它的常务委员会的办事机构，成员由中央政治局常务委员会提名，中央委员会全体会议通过。

每届中央委员会产生的中央领导机构和中央领导人，在下届全国代表大会开会期间，继续主持党的经常工作，直到下届中央委员会产生新的中央领导机构和中央领导人为止。

第二，党的各级地方组织是党的地方领导机关。党的各级地方组织，包括党的省、自治区、直辖市的代表大会，设区的市和自治州的代表大会，县（旗）、自治县、不设区的市和市辖区的代表大会，每五年举行一次。党的地方各级代表大会由同级党的委员会召集。在特殊情况下，

第六章　党的组织

经上一级委员会批准，可以提前或延期举行。党的地方各级代表大会代表的名额和选举办法，由同级党的委员会决定，并报上一级党的委员会批准。

党章规定："党的地方各级代表大会的职权是：（一）听取和审查同级委员会的报告；（二）审查同级纪律检查委员会的报告；（三）讨论本地区范围内的重大问题并作出决议；（四）选举同级党的委员会，选举同级党的纪律检查委员会。"[①]

党的地方各级委员会由其相应级别的党代表大会选举产生。在代表大会闭会期间，执行上级党组织的指示和同级党代表大会的决议，领导本地方的工作，定期向上级党的委员会报告工作。

党的地方各级委员会全体会议，选举常务委员会和书记、副书记，并报上级党的委员会批准。党的地方各级委员会的常务委员会，在委员会全体会议闭会期间，行使委员会职权；在下届代表大会开会期间，继续主持经常工作，直到新的常务委员会产生为止。党的地方各级委员会的常务委员会定期向委员会全体会议报告工作，接受监督。

党的地区委员会和相当于地区委员会的组织，是党的省、自治区委员会在几个县、自治县、市范围内派出的代表机关。它根据省、自治区委员会的授权，领导本地区的工作。

第三，党的基层组织是党在社会基层单位中设置的党组织。党章规定："企业、农村、机关、学校、医院、科研院所、街道社区、社会组织、人民解放军连队和其他基层单位，凡是有正式党员三人以上的，都应当成立党的基层组织。"[②] 可见，党的基层组织是设置在社会基层单位

[①]《中国共产党章程》，人民出版社 2022 年版，第 22 页。
[②]《中国共产党章程》，人民出版社 2022 年版，第 23—24 页。

的党组织。党的基层组织根据工作需要和党员人数，经上级党组织批准，分别设立党的基层委员会、总支部委员会、支部委员会。基层委员会由党员大会或代表大会选举产生，总支部委员会和支部委员会由党员大会选举产生，提出委员候选人要广泛征求党员和群众的意见。

党的基层委员会每届任期三年至五年，总支部委员会、支部委员会每届任期两年或三年。基层委员会、总支部委员会、支部委员会的书记、副书记选举产生后，应报上级党组织批准。

三、新时代党的组织路线

2018年7月，习近平总书记在全国组织工作会议上提出了党在新时代党的组织路线。他指出："'组织路线对坚持党的领导、加强党的建设、做好党的组织工作具有十分重要的意义。'新时代党的组织路线是：全面贯彻习近平新时代中国特色社会主义思想，以组织体系建设为重点，着力培养忠诚干净担当的高素质干部，着力集聚爱国奉献的各方面优秀人才，坚持德才兼备、以德为先、任人唯贤，为坚持和加强党的全面领导、坚持和发展中国特色社会主义提供坚强组织保证。"[1]在制定正确的政治路线的同时，坚持正确的组织路线，提出并完成组织工作的各项任务，才保证了党所领导的革命、建设和改革事业的伟大胜利。新时代党的组织路线的提出是对马克思主义党建学说特别是执政党建设理论的重大贡献。

我们党历来高度重视选贤任能，始终把选人用人作为关系党和人民

---

[1] 中共中央宣传部编：《习近平新时代中国特色社会主义思想学习纲要》，学习出版社、人民出版社2019年版，第230页。

事业的关键性、根本性问题来抓。因为用一贤人则群贤毕至,见贤思齐就蔚然成风。选什么人就是风向标,就有什么样的干部作风,乃至就有什么样的党风。这就是说,选人用人对干部队伍建设具有极大的导向作用,是干部队伍建设的风向标。因此,贯彻新时代党的组织路线需要做好以下几个方面的工作。

第一,着力培养忠诚干净担当的高素质干部。中国特色社会主义事业是走向未来的事业,需要一代又一代共产党人接力。

党在新时代党的组织路线是习近平总书记2018年7月在全国组织工作会议上提出来的。这在马克思主义政党建设史和中国共产党历史上是开创性的,表明我们党对马克思主义执政党建设的规律性认识提升到了新高度,是对马克思主义党建学说特别是执政党建设理论的重大贡献。在这次会议上,习近平总书记强调,"贯彻新时代党的组织路线,建设忠诚干净担当的高素质干部队伍是关键,重点是要做好干部培育、选拔、管理、使用工作……要教育引导干部一开始就想明白当干部为什么、在岗位干什么,走好从政第一步。要教育引导干部加强党性修养、筑牢信仰之基,加强政德修养、打牢从政之基,严守纪律规矩、夯实廉政之基,健全基本知识体系、强化能力之基。要教育引导干部守纪律、讲规矩,不要跟组织玩小聪明,否则总有一天会毁了自己。组织上对干部不能'放养',而要及时掌握动态,有针对性地补短板、强弱项,帮助干部一步步成长起来。要增强干部素质培养的系统性、持续性、针对性,优化干部成长路径,积极创造条件、搭建平台,不能预设晋升路线图,把理想信念教育、知识结构改善、能力素质提升贯穿干部成长全过程"[①]。

---

① 习近平:《在全国组织工作会议上的讲话》,人民出版社2018年版,第16—17页。

突出政治标准选拔干部,一看政治忠诚。对党忠诚是党员干部的首要政治品质和政治生命线,如果这一条不过关,其他都不过关。对党忠诚不是有条件的而是无条件的,不是抽象的而是具体的,必须体现到对党的信仰、党的组织、党的事业的忠诚上。最重要的就是要把党放在心中最高位置,牢固树立党的领导是中国特色社会主义最本质特征和中国特色社会主义制度最大优势、党是最高政治领导力量的观点,坚持党对一切工作的领导。大力选拔那些全面贯彻执行党的理论和路线方针政策,坚决贯彻党中央决策部署,坚持"四个服从",始终与以习近平同志为核心的党中央对标看齐、保持高度一致的干部。对那些同党中央唱对台戏的人,那些对党中央大政方针态度暧昧甚至心怀不满的人,那些背离党中央决策部署阳奉阴违、另搞一套的人,那些心术不正、有政治野心的人,那些"身在曹营心在汉"、同党离心离德的人,绝对不能用,已在领导岗位的要坚决调整,情节严重的要严肃处理。

二看政治定力。政治定力,最根本、最紧要的是理想信念的坚定性。对马克思主义的信仰,对社会主义和共产主义的信念,是共产党人的政治灵魂,是共产党人经受住任何考验的精神支柱。在当今世界风云变幻、当代中国深刻变革、社会思想多元多变的背景下,党员干部只有坚定"四个自信",才能不为任何风险所惧,不为任何干扰所惑,保持战略定力和前进动力,自觉成为共产主义远大理想和中国特色社会主义共同理想的坚定信仰者和忠实践行者。

三看政治担当,是否坚持原则、敢于斗争。政治上敢不敢担当、能不能担当、有没有担当,最能检验党员干部的政治操守、政治品格。今天,我们比历史上任何时期都更接近、更有信心和能力实现中华民族伟大复兴的目标,这既意味着我们已经积累起促成质变的历史性成果,也意味着我们到了最艰巨的攻坚阶段,不可避免地会遇到许多重大挑战、

第六章 党的组织

重大风险、重大阻力、重大矛盾。面对敌对势力加紧对我国实施西化、分化战略，面对意识形态领域的尖锐较量，面对激烈的国际政治斗争，面对艰巨繁重的改革发展稳定任务，等等，都需要广大党员干部强化政治担当、增强斗争精神，敢于亮剑、敢于碰硬、敢于攻坚、敢战能胜。各级党组织要在选人用人上树立鲜明导向，大力选拔使用那些敢担当、善作为，尤其是关键时刻站得出来、顶得上去的干部，坚决不用那些畏首畏尾、患得患失、偷奸耍滑的"骑墙派""官油子"，大力营造为敢担当的干部担当、为敢负责的干部负责的浓厚氛围。2018年中共中央办公厅印发了《关于进一步激励广大干部新时代新担当新作为的意见》要求各级党委（党组）要大力加强干部思想教育，引导和促进广大干部强化"四个意识"，坚定"四个自信"，切实增强政治担当、历史担当、责任担当，努力创造属于新时代的光辉业绩。要落实好干部标准，大力选拔敢于负责、勇于担当、善于作为、实绩突出的干部，鲜明树立重实干重实绩的用人导向。要完善干部考核评价机制，改进考核方式方法，充分发挥考核对干部的激励鞭策作用。要全面落实习近平总书记关于"三个区分开来"[①]的重要要求，宽容干部在工作中特别是改革创新中的失误错误，旗帜鲜明为敢于担当的干部撑腰鼓劲。要围绕建设高素质专业化干部队伍，强化能力培训和实践锻炼，同时把关心关爱干部的各项措施落到实处。要大力宣传改革创新、干事创业的先进典型，激励广大干部见贤思齐、奋发有为，撸起袖子加油干，凝聚形成创新创业的强大合力。

---

① 2016年1月18日习近平总书记在省部级主要领导干部学习贯彻党的十八届五中全会精神专题研讨班上的讲话提出，把干部在推进改革中因缺乏经验、先行先试出现的失误和错误，同明知故犯的违纪违法行为区分开来；把上级尚无明确限制的探索性试验中的失误和错误，同上级明令禁止后依然我行我素的违纪违法行为区分开来；把为推动发展的无意过失，同为谋取私利的违纪违法行为区分开来。

四看政治能力，是否善于从政治上观察和处理问题。领导干部要注意加强政治历练，积累政治经验，使自己的政治能力与担任的领导职责相匹配。

五看政治自律，是否严格遵守党的政治纪律和政治规矩。对那些视政治纪律和政治规矩为儿戏，我行我素、无所顾忌，违反"五个必须"要求、搞"七个有之"等活动的干部，实行"一票否决"，不但不能提拔还要严肃处理，使政治纪律和政治规矩真正成为"带电的高压线"。

"忠诚、干净、担当"是习近平总书记对每一名党员干部的谆谆教诲和殷切嘱托。忠诚是为政之魂，没有对党的绝对忠诚，就会丢了"魂"，工作就会失去方向，就会经不起大风大浪的考验。干净是立身之本。为政清廉是党的性质的根本体现，是我们党赢得民心的重要法宝。担当是成事之要。有多大担当才能干多大事业，尽多大责任才会有多大成就。"对党忠诚、个人干净、敢于担当"体现了做人做事做官的高度统一，对党忠诚是党员干部的政治品格，个人干净是党员干部做人的底线，敢于担当是党员干部为官的职业素质，"三句话"实质上是党员干部安身立命、做人做官做事的"三要素"，缺一不可。这"三句话"既朴素又简洁、既好记又易懂、既有现实性又有针对性，要求明确、掷地有声。"对党忠诚、个人干净、敢于担当"是辩证统一的整体，更加突出了对党员干部的政治品格要求、党性修养要求和职业素质要求，是对新时期好干部标准的丰富和发展，是对政治标准的具体体现。忠诚、干净、担当是领导干部的核心素养，领导干部要把忠诚干净担当作为"座右铭"，倍加珍惜组织提供的干事平台，倍加珍视人民寄予的深切期望，奋发有为、真抓实干，努力书写中国特色社会主义建设的崭新篇章。

第二，着力集聚爱国奉献的各方面优秀人才，坚持德才兼备、以德为先、任人唯贤。德才兼备、以德为先，说到底是解决"选什么样的人"

第六章　党的组织

的问题。当前，在一些干部信仰迷茫、精神迷失，脱离群众的形式主义、官僚主义、享乐主义和奢靡之风"四风"严重，由领导干部演变为腐败分子的案例频发的形势下，强调以德为先尤其重要。因此，选拔任用干部一定要考准考实干部的德。德有内敛性、隐蔽性，也会有变化，识别起来比较难。但德也是可考察、可检验的。具有坚定的理想信念，是好干部第一位的标准。考察干部的德，首先要看这一条，看干部是否能在重大政治考验面前有政治定力，是否能树立牢固的全心全意为人民服务的宗旨意识，是否能对工作极端负责，是否能做到吃苦在前、享受在后，是否能在急难险重任务面前勇挑重担，是否能经得起权力、金钱、美色的诱惑。既要在"大事"上看德，又要在"小节"上察德；既要看政治品德、职业道德，也要看社会公德、家庭美德。坚持"五湖四海"，就是要在干部选拔任用实践中着眼大局、拓宽视野，使党成为各方面优秀人才聚集的执政党，而绝不能只在自己身边搞近亲繁殖、绝不能拉帮结派搞人身依附；必须坚持公道正派、摒弃私心杂念，以坚强党性选党性坚强的人，以好的作风选作风好的人，以公道正派的理念和方法选公道正派的人。坚持"任人唯贤"，就是要在干部选拔任用实践中把"贤"作为唯一依据。因此，坚持任人唯贤，就必须正确理解贤的含义，就必须善于发现贤人、及时起用贤人。所谓贤人，通俗地讲就是好人、就是好干部，科学地讲就是习近平总书记在全国组织工作会议上的重要讲话中所讲的"信念坚定、为民服务、勤政务实、敢于担当、清正廉洁"的干部。这是马克思主义实践论和党的群众路线在用人上的体现。

近年来，特别是在党的十八大报告中，关于"扩大干部工作民主，提高民主质量""完善干部考核评价机制""提高选人用人公信度"等，都是强调干部选拔任用中要体现注重实绩、群众公认的要求。贯彻这个要求，重要的是解决"依据什么选人"的问题。习近平总书记指出："人

马克思主义党的建设基本原理

民对美好生活的向往就是我们的奋斗目标。"[①]因此，选拔干部只能选拔权为民所用、情为民所系、利为民所谋的人，即选拔那些真正为百姓的幸福安康创造真实政绩、群众衷心拥戴的人。因此，必须完善政绩考核评价体系，最大限度体现干部的真实政绩，不让老实人吃亏，不让投机钻营者得利，促进干部树立正确的政绩观。必须全面准确贯彻民主、公开、竞争、择优方针，扩大干部工作民主，注重听取干部群众意见，提高民主质量，完善竞争性选拔干部方式，把那些埋头苦干、实绩突出，对群众感情真挚、深得群众拥护的干部发现出来、使用起来。对那些只对上负责不对下负责，对那些欺上瞒下、弄虚作假，搞"形象工程""政绩工程"的人，决不能提拔重用，提高选人用人公信度。

[①] 《习近平谈治国理政》第4卷，外文出版社2022年版，第58页。

第七章　党员

　　马克思主义政党一向对党员有着严格的要求。经马克思修改的《共产主义者同盟章程》第二条专门对盟员的基本条件作了规定。列宁在创建新型无产阶级政党的实践中，就强调必须制定严格的入党条件。马克思主义经典作家的这些论述为共产党员标准的确立奠定了理论基础，指导着无产阶级党的建设的实践。100多年来，中国共产党始终坚持严格的党员标准，把成熟一个发展一个作为壮大自身队伍的重要原则，在实践中把各领域各行业先进分子及时吸收到党内来。

第七章　党员

一、入党条件

党员是党的肌体的细胞和党的活动的主体，党员队伍的先进性是党的先进性的重要基础。加强党的先进性建设，必须始终抓好保持和发展党员队伍的先进性这个基础工程，必须始终抓住党员队伍这个主体。那么，应当具备什么条件，才能成为共产党员；党员应当达到什么样的标准、履行哪些义务，才能是合格党员？同时，党员享有哪些权利以及如何正确行使党员权利？对此，《中国共产党章程》都作出了明确规定。

党章规定："年满十八岁的中国工人、农民、军人、知识分子和其他社会阶层的先进分子，承认党的纲领和章程，愿意参加党的一个组织并在其中积极工作、执行党的决议和按期交纳党费的，可以申请加入中国共产党。"[①]这就明确规定了什么样的人才能申请入党，即申请入党的人必须具备的条件。

"年满十八岁"强调了申请入党的人必须具备的年龄条件。人只有在成年以后，其世界观和政治倾向才具有相对稳定性，才具有确定的政治立场、政治方向、政治观点、政治鉴别力和政治敏锐性，才能确定自己终生的政治信仰和政治志向。一般说来，"十八岁"是一个人步入成年的基本标志。因此，申请入党的人的年龄规定，以"年满十八岁"为底线，目的是保证党员质量，使党员在其申请入党的时候，就具有与党的性质要求相一致的世界观和政治倾向。

"中国工人、农民、军人、知识分子和其他社会阶层的先进分子"，

---

① 《中国共产党章程》，人民出版社2022年版，第13页。

强调了申请入党的人必须具备的个人身份。中国共产党的性质、中国共产党的最高理想和最终奋斗目标以及党员条件，都要求中国共产党党员必须是来自于一般群众又不同于一般群众的人，即中国工人阶级的有共产主义觉悟的先锋战士。这并不是说，所有的工人、农民、军人、知识分子和其他社会阶层的人都可以申请入党，而是必须是工人、农民、军人、知识分子和其他社会阶层的"先进分子"，即一个人要申请入党，就必须首先成为本人所在群体中的先进分子。这是党的先进性的必然要求。

申请入党的人的政治条件是：必须"承认党的纲领和章程"。中国共产党是根据自己的纲领和章程，按照民主集中制原则组织起来的统一整体，是思想上政治上高度一致的、由中国工人阶级领导的有共产主义觉悟的先锋战士所组成的政治组织。党的纲领是每一个共产党员必须为之奋斗的目标，党的章程是每一个共产党员必须严格遵守的规范。党的纲领和章程回答和解决的问题是，为什么要建党、建设什么样的党、党的历史使命是什么、怎样建设党等一系列有关党的根本性问题。因此，申请入党的人只有承认党的纲领和章程，才能对党从总体上有一个全面而正确的认识，从而更加坚定自己的入党信念，端正入党动机，为早日成为伟大、光荣、正确的中国共产党的一名党员积极创造条件；才能在入党以后，自觉实践党的纲领，严格遵守党的章程，做合格的共产党员。

申请入党的人必须"愿意参加党的一个组织并在其中积极工作、执行党的决议和按期交纳党费"。这是一个人在申请入党的时候就必须有的思想准备。中国共产党是一支有组织的部队，是一个具有严密组织体系的统一的战斗整体。这个组织体系包括党的中央组织、地方组织和基层组织，各级组织之间是上下级关系、领导与被领导的关系。这个组织的基础就是把每个党员编入党的一个基层组织，使党员在党员的组织中参加党的生活，完成党分配的任务，做好党的工作。正是党的这种组织性，保证了全党的团结统一。党章规定："每个党员，不论职务高低，都必须编入党的一个支部、小组或其他特定组织，参加党的组织生活，接受党内外群众的监督。"[①] 中国共产党的党员是中国工人阶级的有共产主义觉悟的先锋战士。党员的先进性、党员与一般党员群众的根本区别就在于党员具有高度的共产主义觉悟。正是这种高度的共产主义觉悟，使党员能够自觉地履行党员义务、正确地行使党员权利。因此，党员参加党的一个组织并在其中积极工作，是出于党员内心的自愿，是党员政治生命中的需要。一个人只有在向党组织提出入党申请时，就"愿意"参加党的一个组织并在其中积极工作，才不至于在入党后把参加党的组织生活、积极为党工作作为一种负担，从而为自己入党、为自己成为合格党员奠定基础。

申请入党的人必须愿意"执行党的决议"。这是申请加入中国共产党的人必须具备的基本条件之一。党的决议是为完成党的总目标、总任务，在某一时期，对某一项工作或某一件事情，经过党员大会或党员代表大会或党的委员会集体讨论决定，全体党员必须贯彻执行的事项。申请入党的人必须在入党前发自内心地有执行党的决议的心理基础，愿意执行党的决议，才能使自己在入党以后，能够做到自觉地执行党的决议，与党在政治上、思想上和行动上保持高度一致，为党的事业奋斗终身。从党做出决议的目的、内容、过程以及党的决议的效力来看，党员执行党的决议，是实现党的纲领、路线，完成党的任务的具体体现，是实现党的团结统一的基本保证，是维护党和人民利益的根本要求，是共产党员的基本义务。党员能不能模范地执行党的决议，直接关系党的生命，直接关系党员质量，直接关系党同人民群众的关系，直接关系党的事业。任何共产党员不论职务高低、不论资历深浅、不论贡献大小，都

[①] 《中国共产党章程》，人民出版社 2022 年版，第 17 页。

必须执行党的决议。否则，不仅会受到党的纪律的处罚，而且会危及党的生命，影响党的总目标、总任务的完成。申请入党的人一定要从这样的高度，深刻认识执行党的决议重要性，提高对执行党的决议的认识程度和思想觉悟，增强执行党的决议的自觉性。只有这样，才能使自己在入党前，愿意执行党的决议，具备申请入党的条件；只有这样，才能使自己在入党后，忠实地执行党的决议，成为合格的共产党员。

申请入党的人必须愿意"按期交纳党费"。这是申请入党的人必须具备的又一个基本条件。党费，是共产党员按照党的章程定期向党组织交纳的、用于党的活动的经费。党员按照规定的标准，向党组织按期交纳党费，是党对党员的基本要求之一，是党员对党组织应尽的义务，是党员关心党的事业、在物质上帮助党的具体表现。一个人在申请入党时只有愿意交纳党费，才能在入党后做到按期交纳党费。

总之，以上规定是一个完整的统一体，其中的每一条都是申请入党的人必须具备的。

二、中国共产党党员是共产主义的先锋战士

党章规定："中国共产党党员是中国工人阶级的有共产主义觉悟的先锋战士。中国共产党党员必须全心全意为人民服务，不惜牺牲个人的一切，为实现共产主义奋斗终身。中国共产党党员永远是劳动人民的普通一员。除了法律和政策规定范围内的个人利益和工作职权以外，所有共产党员都不得谋求任何私利和特权。"[1] 这是共产党员必须具备的条件，

---

[1] 《中国共产党章程》，人民出版社 2022 年版，第 13—14 页。

也是党章对党员提出的基本要求。

中国共产党党员是中国工人阶级的有共产主义觉悟的先锋战士，这从根本上界定了共产党员的政治身份，共产党员与一般群众的区别，共产党员的先进性之根本所在，即规定了共产党员是什么样的人。

中国共产党是中国工人阶级的先锋队，决定了中国共产党的党员必须具有中国工人阶级的世界观，为完成工人阶级的历史使命而奋斗。工人阶级的世界观，就是马克思主义的辩证唯物主义和历史唯物主义世界观；工人阶级的历史使命，就是推翻资本主义社会制度，建立社会主义，进而实现共产主义。因此，中国共产党党员必须继承和光大中国工人阶级的优秀品质，团结和带领中国工人阶级和广大人民群众建设中国特色社会主义，为最终实现共产主义而努力奋斗。中国共产党党员的工人阶级世界观和共产主义觉悟，不是空洞的高调，不是动听的口号，而是要用共产党员在实际工作中即在生产、工作、学习和社会生活的各个方面发挥先锋模范作用来体现。因此，广大党员一定要在实践中把自己内在的工人阶级世界观和共产主义觉悟用先锋模范作用的外在行为体现出来，为群众做出表率，为推动经济和社会的进步贡献出自己全部的力量，这才是名副其实的中国工人阶级的有共产主义觉悟的先锋战士，才是真正的共产党员。

中国共产党党员必须全心全意为人民服务，不惜牺牲个人的一切，为实现共产主义奋斗终身。这从根本上界定了共产党员的人生价值和政治目标。

"全心全意为人民服务"是共产党人必须具有的人生意义和价值。全心全意为人民服务，是中国共产党的宗旨。所谓宗旨是指最根本、最主要的意义和目的，中国共产党只有全心全意为人民服务，才能体现其存在的价值和意义，才是共产党存在和发展的目的。党的全心全意为人民服务的宗旨，要通过党制定和执行正确的路线、方针、政策体现出来，更要通过党员全心全意为人民服务的实际行动体现出来。因此，共产党员必须全心全意为人民服务，这是党章规定的对共产党员的基本要求之一。如果一个人一事当前，先替自己打算，甚至不择手段地为自己谋取私利，那就不配做共产党员。

"不惜牺牲个人的一切"，是共产党人在为人民服务、为实现共产主义而奋斗的实践中应当表现出的最高境界。中国共产党是中国工人阶级的先锋队，同时是中国人民和中华民族的先锋队，是中国特色社会主义事业的领导核心，代表中国先进生产力的发展要求，代表中国先进文化的前进方向，代表中国最广大人民的根本利益。中国共产党的宗旨是全心全意为人民服务。中国共产党以实现共产主义为最高理想和最终目标。党的性质、宗旨和最高理想决定了中国共产党除了最广大人民的利益，没有自己的特殊利益，即没有自己的私利。党的一切工作，都是以人民的根本利益为最高准绳。因此，共产党员必须以实际行动实践、体现和保持党的性质、宗旨和最高理想，把实现维护和发展人民的利益、实现共产主义作为自己的唯一追求，并且为了实现、维护和发展人民利益、实现共产主义贡献出自己的全部。

"为实现共产主义奋斗终身"，指明了共产党员一切实践活动的政治方向。共产主义是由马克思、恩格斯创立的、由共产党人所信仰的、科学的思想体系。共产党员要为实现共产主义奋斗终身，必须把共产主义的远大理想同自己在现实工作中的努力结合起来。共产主义社会制度的实现需要共产党员把共产主义的远大理想同自己在现实工作中的努力结合起来。中国共产党是最高纲领和最低纲领的统一论者，中国共产党的党员既要做最大的理想主义者，又要做最大的现实主义者。共产党人既要树立共产主义的远大理想，坚定信念，以高尚的思想道德要求和鞭策

第七章 党员

自己，更要脚踏实地地为实现党在社会主义初级阶段的基本路线和基本纲领而不懈努力，扎扎实实地做好现阶段的每一项工作。

中国共产党党员永远是劳动人民的普通一员，除了法律和政策规定范围内的个人利益和工作职权以外，所有共产党员不得谋求任何私利和特权。这从根本上界定了共产党员应当保持的政治本色以及获取个人利益、行使工作职权的范围。

"永远是劳动人民的普通一员"，说明了共产党员与人民群众的关系，要永远保持劳动人民的本色。共产党员既是工人阶级的有共产主义觉悟的先锋战士，又是劳动人民的普通一员。这是一个问题的两个方面，是共产党员与劳动人民普通一员之间的个性和共性问题。"先锋战士"强调了共产党员在劳动人民中的个性，要求党员必须保持先进性。没有党员的先进性，就会把党员混同于普通老百姓，就会失去党的先进性。正是党员的先进性，把党员同一般群众区别开来。"劳动人民的普通一员"，强调的是共产党员与劳动人民的共性，要求共产党员要把自己置身于劳动人民之中，和普通群众一样，没有自己特殊的利益和权力。正是因为党员是"劳动人民的普通一员"，使共产党员能够密切与群众的联系、代表群众的利益。共产党员的这种"先锋战士"和"劳动人民的普通一员"的两重身份，决定了党员比群众的先进性和党员与群众的一致性，体现了共产党员既是共产党员、又是社会公民的政治身份。因此，在实践中要求群众做的事情，党员必须做而且要比群众做得更好；要求群众不做的事情，党员必须不做而且要带头不做。可见，共产党员既是工人阶级的有共产主义觉悟的先锋战士，又是劳动人民的普通一员，二者之间不是矛盾的，而是统一的。

"除了法律和政策规定范围内的个人利益和工作职权以外，所有共产党员都不得谋求任何私利和特权"，说明了共产党员的正当的个人利益和工作职权与私利和特权的界限。中国共产党是国家的执政党，但党的执政不是党为所欲为，而是要依法执政，执政为民，最终是要通过共产党员遵守法律、执行政策的具体行为来体现的。我们党要求党员必须全心全意为人民服务，并不是说党员不可以有自己的个人利益，而是不能在法律和政策的范围之外去谋求个人利益。因为法律和政策范围内的个人利益是正当的、合法的，是应当得到维护的，而法律和政策范围之外的个人利益是不正当、不合法的，是绝对不可谋求的。共产党员特别是党的各级领导干部，作为执政党的党员、干部，手中掌握着一定的工作职权，这是党员、干部为人民服务的基本工具，在法律和政策的范围内运用工作职权是党员、干部的基本职责，是党员、干部为人民服务的具体体现，而如果超出了法律和政策规定的范围去运用工作职权，就是把公共的工作职权私有化，就是搞特权，就会损害党和人民的利益，损害党和政府的形象。

总之，党章对共产党员的上述基本要求，是一个完整的统一体，其中的每一个方面都是与其他方面密切相连的，如果只重视或只做到某一方面或某几个方面，都是不可取的、不完全的，都不算达到了党对共产党员的基本要求。

三、党员的义务和权利

共产党员的称号是十分光荣的。其所以光荣是由共产党员承担的义务决定的。因此，党章规定了共产党员必须履行的八项义务。这八项义务履行得好与不好，是一名党外人士能否入党、是一个预备党员能否转为正式党员、也是一名正式党员能否成为合格党员的关键所在。

第七章 党员

第一，认真学习马克思列宁主义、毛泽东思想、邓小平理论、"三个代表"重要思想、科学发展观、习近平新时代中国特色社会主义思想，学习党的路线、方针、政策和决议，学习党的基本知识和党的历史，学习科学、文化、法律和业务知识，努力提高为人民服务的本领。这一义务，强调了共产党员必须做学习的模范，必须全面提高自身素质，增强工作本领。

马克思列宁主义、毛泽东思想、邓小平理论、"三个代表"重要思想、科学发展观、习近平新时代中国特色社会主义思想，是党的理论基础和行动指南，是广大党员牢固树立共产主义世界观、人生观、价值观，保持党员先进性的重要前提和基础。中国共产党是马克思主义政党，学习马克思主义基本理论是成为马克思主义者的重要途径。

在学习马克思主义基本理论的实践中，必须把学习习近平新时代中国特色社会主义思想作为重点。党的十八大以来，以习近平同志为主要代表的中国共产党人，顺应时代发展，从理论和实践结合上系统回答了新时代坚持和发展什么样的中国特色社会主义、怎样坚持和发展中国特色社会主义这个重大时代课题，创立了习近平新时代中国特色社会主义思想。习近平新时代中国特色社会主义思想是对马克思列宁主义、毛泽东思想、邓小平理论、"三个代表"重要思想、科学发展观的继承和发展，是马克思主义中国化最新成果，是党和人民实践经验和集体智慧的结晶，是中国特色社会主义理论体系的重要组成部分，是全党全国人民为实现中华民族伟大复兴而奋斗的行动指南，必须长期坚持并不断发展。在习近平新时代中国特色社会主义思想指导下，中国共产党领导全国各族人民，统揽伟大斗争、伟大工程、伟大事业、伟大梦想，推动中国特色社会主义进入了新时代。

党的路线、方针、政策和决议，是党根据党的纲领和章程，根据一定时期的历史任务制定的，党员必须认真执行的行为准则。党的路线、方针、政策及决议，规定了党在现阶段的奋斗目标和基本任务，以及实现这种目标和任务应遵循的基本原则和方法。共产党员要为实现党的最终目标而奋斗，首先要为实现党的现阶段目标而奋斗，即贯彻执行党的路线、方针、政策及决议。而要贯彻执行党的路线、方针、政策及决议，就必须认真学习党的路线、方针、政策及决议，弄懂弄通其基本要求，并转变为自己贯彻执行党的路线、方针、政策和决议的自觉行动。

党的基本知识和党的历史是共产党员必备的知识。党的基本知识包括党的纲领和章程等党内法规和党纪、党内各项制度以及一系列有关党的建设的知识等。党员只有认真学习党的基本知识和党的历史，才能提高党性修养，自觉按照共产党员的要求指导自己的言行；才能提高对党的认识，懂得我们的党是什么样的党和怎样建设党，增强党员意识；才能懂得我们的党从哪儿来、到哪儿去以及现在所处的历史方位和所担负的历史重任；才能清楚作为一个党员应该做什么，不该做什么；应该怎么做，不能怎么做；什么必须做，什么必须不做等，做合格的共产党员。

现代科学技术发展迅猛，社会主义现代化建设中的许多问题，我们还不熟悉，甚至有的是我们闻所未闻、见所未见的。特别是在知识经济和信息时代的历史条件下，人们日益深刻地认识到：在当今社会，学习不只是工作前的准备，而是与工作同时进行的任务；学习不再是一件阶段性的事，而将伴随人的终身。任何个人、任何组织、任何国家或民族，如果不学习、不掌握大量的、先进的科学技术知识，就必然会因为无知而被时代所淘汰。

第二，增强"四个意识"、坚定"四个自信"、做到"两个维护"，贯彻执行党的基本路线和各项方针、政策，带头参加改革开放和社会主义现代化建设，带动群众为经济发展和社会进步艰苦奋斗，在生产、工作、学习和社会生活中起先锋模范作用。党员必须履行的这一项义务，强调了共产党员必须在实践中发挥先锋模范作用及其重要内容。这是根据党在社会主义初级阶段的根本任务对党员提出的要求。

党在社会主义初级阶段的基本路线，是党在现阶段的总任务、总方针、总政策，党的各项方针、政策，是党的基本路线的具体体现，是落实党的基本路线的重要保证。因此，党的基本路线和各项方针、政策能否在实践中贯彻落实，直接关系党所开创的建设中国特色社会主义伟大事业的成败。

建设中国特色的社会主义事业，是一项伟大的创造性事业，是需要众多的先进分子带动亿万群众顽强拼搏才能完成的事业。共产党员是用特殊材料制成的人，党员的特殊从根本上说就特殊在要做群众的表率，要在群众中发挥带头作用、骨干作用。

第三，坚持党和人民的利益高于一切，个人利益服从党和人民的利益，吃苦在前，享受在后，克己奉公，多做贡献。党员必须履行的这一项义务，是由我们党的性质和宗旨决定的，强调了共产党员应当如何正确处理个人利益与党和人民利益的关系，树立正确的利益观。

中国共产党除了工人阶级和最广大人民群众的利益，没有自己特殊的利益。因此，党的利益也就是人民的利益、群众的利益。党在任何时候都把群众利益放在第一位，同群众同甘共苦，保持最密切的联系。我们党在理论上是这样讲的，党章中是这样规定的，实践中也是这样做的。在100多年的历史进程中，我们党培养了许多优良传统和政治优势，其中一个非常重要的方面或者说是根本的一条，就是党始终同人民群众保持血肉联系。在人民群众中生长、成熟和发展，始终为人民群众谋利益、为人民群众的利益而奋斗，这是我们党充满生机与活力的源泉所在，过去是这样，现在也是这样。

马克思主义党的建设基本原理

个人利益服从党和人民的利益,这是坚持党和人民的利益高于一切最基本的要求和最直接的体现。党员也有自己的个人利益,但是党员必须正确处理个人利益与党和人民利益之间的关系,这种正确处理的标准就是:个人利益服从党和人民利益。因为中国共产党是立党为公的党,是以全心全意为人民服务为根本宗旨的党,共产党员绝不能为了追求个人利益而损害党和人民利益。否则,就必然受到党的纪律的处罚。

随着经济社会的不断发展,提高人的物质文化生活水平和享受程度是一种历史的必然。因此,共产党员有自己的享受和追求也是无可非议的。但是,共产党员在享受方面要有所克制,不能把享受作为唯一目标,更不能为了追求自己的享受而损害他人的利益,做损公肥私、损人利己的事情。现实中一些身为共产党员的领导干部甚至是高级领导干部,之所以贪污受贿,唯利是图,道德沦丧,演变为腐败分子,受到党纪国法的严惩,就是因为他们没有树立正确的苦乐观、公私观。

第四,自觉遵守党的纪律,首先是党的政治纪律和政治规矩,模范遵守国家的法律法规,严格保守党和国家的秘密,执行党的决定,服从组织分配,积极完成党的任务。这一项义务,强调了共产党员必须具有高度的组织观念、纪律观念和法治观念。

自觉遵守党的纪律,首先是党的政治纪律和政治规矩,是由党的高度组织性、统一性所决定的。党的纪律,是全体党员和党的各级组织必须共同遵守的行为规范,是维护党的团结统一、完成党的任务的保证。这些准则和规范是根据马克思主义建党学说和党的民主集中制原则确立的。党员只有自觉遵守党的纪律,才能保持全党的行动一致,并通过全党的行动一致带动全国人民的行动一致,保证发展、稳定的大局,以不断取得全面建成小康社会的新胜利。党的纪律主要包括政治纪律、组织纪律、廉洁纪律、工作纪律、群众纪律和生活纪律六个方面,其中每

第七章　党员

一个方面都很重要，都必须严格遵守。不论在哪一方面违反了党的纪律，都必然会使党的事业受到损害，都必然会受到党的纪律的处罚。但其中最为重要的是党的政治纪律和政治规矩。因为政治纪律是党的纪律中最重要、最根本、最关键的纪律，是基础性的、事关全局的纪律。政治纪律是全党在政治方向、政治立场、政治言论、政治行动方面必须遵守的刚性约束。习近平总书记强调："严明党的纪律，首要的就是严明政治纪律。"[①]只有严明党的政治纪律，党的理论、路线、方针、政策才能真正落地，党的各项纪律规范才能得到真正的落实，才能取得全面从严治党的新成效，让党的组织更严密、党内生活更健康、党的领导更有力。

模范遵守国家法律法规，是由国家法律法规的特性决定的。国家的法律和各项行政法规是在党的领导下，在广泛发扬民主的基础上，由国家最高权力机关制定的行为规范。遵守国家的法律法规，是指国家机关、社会组织和公民个人依照法律法规的规定，行使权利（权力）、履行义务（职责）的活动。一切组织和个人都必须遵守国家的法律法规，这是法治社会的基本要求。共产党作为国家中的一个政治组织，虽然在国家中处于执政地位，但也必须在宪法和法律范围内活动，要把依法执政作为基本的执政方式，把依法治国作为治理国家的基本方式。中国共产党党员作为中国的一位普通公民，不仅要与其他社会公民一样遵守国家的法律法规，而且必须发挥模范作用，带动全民守法社会的建设。

严格保守党和国家的秘密，是由党和国家秘密的重要性决定的。党和国家的秘密是指关系到党和国家安全和利益、依照法定程序确定的、在一定时间内只限一定范围的人员知晓的事项。党和国家的秘密直接关

[①]　习近平：《论坚持党对一切工作的领导》，中央文献出版社2019年版，第17页。

系到党和国家的利益，关系到国家的经济、政治、国防、外交以及社会生活各个方面的稳定和安全。如不严格保守，就有可能损害国家主权和领土完整；损害国家的经济利益；损害国家对外关系；妨碍国家方针政策和计划的实施；妨碍国家机关的职能活动；妨碍国家科学技术的发展；危害国家秘密通信手段和秘密情报来源的安全，影响党的事业的发展。因此，每一个共产党员必须从维护党、国家和人民利益的大局出发，严格保守党和国家的秘密。

执行党的决定，服从组织分配，积极完成党的任务，是由党的组织纪律性决定的。首先，党的决定是党和人民利益的集中体现，坚决执行党的决定，就是维护党和人民的根本利益，就是维护党的团结统一。执行党的决定是共产党员的基本义务，是党的纪律的基本要求，是完成党的任务的具体表现。每个共产党员都应该认真贯彻执行党的决定。如果由于种种原因，对党的决定有看法，甚至有不同意见，可以通过正常的组织程序，向党的组织反映，说明自己的观点。但是在党的决定没有明确改变原决定的时候，党员有权利保留自己的意见，但在行动上必须无条件地执行党的决定，不得有任何反对的表示。因此，党员要认真学习党的路线、方针、政策，学习和理解党的决定，全面而准确地把握党的决定的精神、意义和作用，为执行好党的决定，完成党的任务打下坚实的基础。其次，在我们党内，每个党员都必须编入党的一个小组、支部或其他特定组织，在党的组织中工作和生活。党的这种高度的组织性，决定了共产党员在党内应当做什么事、应当怎么做事，什么时候开始做事，什么时候做完事等，都是由组织来分配的。这样可以保证我们的党在完成某一任务的过程中，合理配置人、财、物等种种资源，以最少的劳动耗费，取得最大的工作成效；可以实现党的工作的计划化，减少党的工作盲目性。最后，我们党是一个具有远大理想的党，其最高理想是实现共产主义，其在现阶段的理想是建设中国特色社会主义。党的理想实际上就是党所承担的任务，就是党的事业。只有每个共产党员都积极完成党分配的任务，才能够推进党的事业发展。因此，共产党员必须树立高度的组织意识，培养组织观念，服从组织分配。特别是在组织为自己分配的工作困难多、任务重、时间紧、风险大的时候，切不可只要组织照顾，不要组织纪律；切不可以种种借口给组织要条件、讲待遇；切不可软弱怯懦，被困难所吓倒，而应当以党员的觉悟，做到以组织为重，个人服从组织，愉快地接受组织分配的任务并完成党组织分配的任务，用实际行动为推动党的事业的发展和民族的伟大复兴贡献力量。

第五，维护党的团结和统一，对党忠诚老实，言行一致，坚决反对一切派别组织和小集团活动，反对阳奉阴违的两面派行为和一切阴谋诡计。这一项义务强调了共产党员必须做维护党的团结和统一的模范及其基本要求。

党的团结统一是指全党在马克思主义原则基础上形成的思想上、政治上、组织上和行动上的一致。党的团结统一是党的生命，是党的先进性的重要体现，是党的力量的重要源泉，是党的事业发展和胜利的保证。只有全党团结一致，统一目标，统一意志，统一行动，才能形成党的坚强领导，使党肩负起领导全党和全国人民建设中国特色社会主义的伟大事业；只有全党团结统一，才能实现以党为核心的全国人民的团结一致，把全国人民汇成一支强大的建设力量，推动社会主义现代化建设的胜利前进。因此，共产党员要像爱护自己的眼睛一样来维护党的团结统一。

对党忠诚老实，言行一致，是共产党员的本质特征，是共产党员应当具备的基本道德，是共产党员维护党的团结统一的基本要求，是共产党员成长进步的重要基础。党的思想路线的根本点就是实事求是，党的思想统一，就是统一到对客观事物本来面貌的认识上。言行一致，是忠诚老实的具体体现，是主观与客观相符合的实际反映。因此，马克思主义的思想路线使党员能够做到对党忠诚老实、言行一致。共产党除了最广大人民群众的利益没有自己的私利，所以共产党勇于公开申明自己的观点，是光明磊落的党，公正无私的党。因此，党要求自己的党员必须襟怀坦白、心胸开阔、表里如一、言行一致，即必须忠诚老实。共产党又是有自己的纲领和章程的党，为了实现党的纲领，也要求党员必须对党忠诚老实，言行一致。只有共产党员忠诚老实，言行一致，才能使党了解党员的所思所想、所作所为，从而有针对性地、采取适合每个党员特点的方式对党员进行教育和管理，保证党员质量，促使党员健康地成长进步。因此，共产党员在任何情况下，都要对党忠诚老实，言行一致，按照事物本来的面貌，如实地向党反映情况，提出建议，不夸大成绩，不缩小缺点，不隐瞒错误，不歪曲事实真相。无论在什么情况下，无论办什么事情都要实事求是，襟怀坦白，做老实人，办老实事。

坚决反对一切派别组织和小集团活动，反对阳奉阴违的两面派行为和一切阴谋诡计，这是实现党的团结统一，维护党的团结统一的必然要求和必要措施。全党同志只有在党中央的领导下，高度团结统一，维护党中央的权威，才能增强党的凝聚力和战斗力，才能保障改革开放和社会主义现代化建设的顺利进行。

第六，切实开展批评和自我批评，勇于揭露和纠正违反党的原则的言行和工作中的缺点、错误，坚决同消极腐败现象作斗争。这一项义务强调了共产党员正确处理和解决党内矛盾，克服缺点，纠正错误的基本方法。

切实开展批评和自我批评，勇于揭露和纠正违反党的原则的言行和工作中的缺点、错误，这是党发展进步的重要保证。批评和自我批评，就是在共产党内部，对党员身上存在的种种缺点和错误，从团结的愿望出发，党员之间互相开展批评，党员个人进行自我批评，克服缺点，纠正错误，以达到团结的目的。批评和自我批评是共产党员正确处理和解决党内矛盾的武器。

消极腐败现象是侵蚀党的健康肌体的罪魁祸首。特别是在党执政时期，如果说能有什么把党打垮的话，最主要的不是来自党的机制之外的打手，而是来自党的机制内的消极腐败现象，这已经为古今中外许多鲜活的事实所证实。所以我们党历来高度重视同消极腐败现象作斗争，并把同消极腐败现象作斗争作为共产党员必须履行的基本义务。党的十八大以来，党中央狠抓作风建设，坚决纠正形式主义、官僚主义、享乐主义和奢靡之风四种不良风气；党中央已经横下一条心，一定要遏制住腐败蔓延势头，深入开展反腐败斗争，坚持"老虎""苍蝇"一起打。但是，也要看到在如此高压态势下，仍有一些党员干部不收手甚至变本加厉，有些地方甚至出现"塌方式腐败"，令人触目惊心！习近平总书记强调："作风建设永远在路上，永远没有休止符，必须抓常、抓细、抓长，持续努力、久久为功。"[1]我们要清醒地认识到，惩是为了治，要加大治本力度，选对人、用好人，深化改革，加强制度建设，强化日常管理和监督，完善激励和问责机制，逐步实现"不能"。最终靠坚定理想信念，增强宗旨意识，真正做到使之"不想"。

第七，密切联系群众，向群众宣传党的主张，遇事同群众商量，及时向党反映群众的意见和要求，维护群众的正当利益。这一项义务强调了共产党员对群众的态度、与群众的关系的基本要求。

密切联系群众是指党的各级组织和党员干部要和党内外群众结合在

---

[1] 习近平：《在党的群众路线教育实践活动总结大会上的讲话》，人民出版社2014年版，第25页。

一起，密切党同人民群众的关系，一切为了群众，一刻也不脱离群众。密切联系群众是我们党的优良作风，也是我们党获得一切力量和胜利的根本源泉。在新的历史条件下，能否始终保持和发展同人民群众的血肉联系，仍然是直接关系党和国家盛衰兴亡的核心问题。人民群众对美好生活的向往，就是我们的奋斗目标。应当说，能够领导和团结人民群众实现其对美好生活的向往，是我们党密切联系群众的最有效、最根本的途径。中国共产党100多年的奋斗和追求，就是让人民群众过上越来越美好的生活。为此，在长期的革命、建设和改革实践中，党形成并一贯坚持和发展着以一切为了群众，一切依靠群众，从群众中来，到群众中去为主要内容的群众路线。历史的经验告诉我们，今天，实现党的二十大确定的奋斗目标，也必须紧紧依靠人民，充分调动最广大人民的积极性、主动性、创造性。全党同志必须牢记并恪守全心全意为人民服务的根本宗旨，继续发扬党的密切联系群众的优良作风，始终与人民同呼吸、共命运、心连心，把人民紧紧凝聚在一起。

　　向群众宣传党的主张，一方面要向群众宣传解释党的路线、方针、政策，特别是要着重向群众解释清楚，党的路线、方针、政策是什么，党为什么制定这样的路线、方针、政策，执行党的路线、方针、政策会给群众带来什么样的实惠和利益，应当如何执行党的路线、方针、政策等，使群众理解党的路线、方针、政策，从而把党的主张变成群众的自觉行动，化为改造世界的伟大力量。另一方面要通过党员执行党的路线、方针、政策的模范行动为群众做出表率，使群众亲身感受执行党的路线、方针、政策所带来的成果，团结带领广大群众完成党的任务。

　　遇事同群众商量，就是要从群众中汲取智慧和力量。党的事业也就是群众的事业，党的任务必须依靠群众的努力来完成，党的领导要通过群众的接受来实现。因此，共产党员必须坚信"群众是真正的英雄"这

第七章 党员

条颠扑不破的真理，做到遇事同群众商量，即做什么事、怎么做事，都要倾听群众的意见。只有这样，才能使我们的党员和党员的所作所为符合群众的心愿，得到群众的理解和支持，才能发掘和动员起蕴藏在群众之中的无限的智慧和无穷的力量，把中国建设成富强民主文明和谐美丽的社会主义现代化强国。

向党反映群众的意见和要求，就是要使党能够倾听群众呼声，了解群众意愿，以更好地服务群众。党员是与群众工作和生活在一起的，与群众的接触和联系是最密切、最直接的，群众的所思所想、所求所盼，党员心里最清楚、最明白。因此，要使我们的党密切与群众的联系，真正成为一种血肉关系，共产党员就必须做到及时向党反映群众的意见和要求，使党在制定决策、部署任务时把群众的意见作为最基本的依据，增强党的决策的科学化和民主化，提高党的决策和党的领导的有效性。

维护群众的正当利益，就是要在群众正当利益受到危害时能够挺身而出，使群众的正当利益免受或少受侵害。中国共产党是中国最广大人民根本利益的代表，是从整体上代表群众的利益，虽然在大多数情况下与群众的根本利益、整体利益是一致的，但是不能排除在某种情况下存在着矛盾。在部分人的利益和个人利益中，有的可能是正当的利益，有的可能是不正当的利益。这时，党员就要站在党的立场上，站在群众整体利益和根本利益的立场上，对其正当的利益必须维护，而且要通过自己的努力，实现和发展群众的正当利益。对其不正当的、过分的要求，必须做出说明，使群众提高觉悟，给予理解。特别是在我国改革中出现了一些困难群体的情况下，共产党员更要坚持维护群众的正当利益，努力为群众排忧解难。

第八，发扬社会主义新风尚，带头实践社会主义核心价值观和社会主义荣辱观，提倡共产主义道德，弘扬中华民族传统美德，为了保护国家和人民的利益，在一切困难和危险的时刻挺身而出，英勇斗争，不怕牺牲。党章规定的党员必须履行的这一项义务，强调了对共产党员在道德风尚以及处在紧急时刻和重要关头时的基本要求。

发扬社会主义新风尚，带头实践社会主义核心价值观和社会主义荣辱观，是我国正处于社会主义初级阶段的历史特点对共产党员提出的基本要求。社会主义新风尚与社会主义核心价值观、社会主义荣辱观在本质上是一致的。社会主义核心价值观，可以用24个字来概括：即富强、民主、文明、和谐，自由、平等、公正、法治，爱国、敬业、诚信、友善。这24个字分为三个层面：一是富强、民主、文明、和谐，是国家层面的目标方向；二是自由、平等、公正、法治，是社会层面的价值追求；三是爱国、敬业、诚信、友善，是个人层面的道德规范。社会主义荣辱观，即以热爱祖国为荣、以危害祖国为耻，以服务人民为荣、以背离人民为耻，以崇尚科学为荣、以愚昧无知为耻，以辛勤劳动为荣、以好逸恶劳为耻，以团结互助为荣、以损人利己为耻，以诚实守信为荣、以见利忘义为耻，以遵纪守法为荣、以违法乱纪为耻，以艰苦奋斗为荣、以骄奢淫逸为耻。社会主义荣辱观囊括了爱国主义、集体主义、社会主义思想，以及社会主义基本道德规范和社会风尚的本质要求，是中国传统美德和时代精神的完美结合，是社会主义世界观、人生观和价值观的生动体现。共产党员要牢固树立社会主义核心价值观和社会主义荣辱观，大力推进社会主义思想道德建设。

提倡共产主义道德，为了保护国家和人民的利益，在一切困难和危险的时刻挺身而出，英勇斗争，不怕牺牲，这是党员的共产主义觉悟的集中表现。实现共产主义是共产党人的最高理想和最终目标，正因为如此，党的十八大以来，习近平总书记把共产主义理想形象地比喻为共产党人精神上的"钙"，缺了这种"钙"就会得软骨病。共产主义道德是共产主义理想的基础，共产主义道德包括广泛的内容，如勤劳勇敢、团结互助、爱国主义、集体主义、爱好和平、自强不息、先人后己、助人为乐、舍己为人、大公无私、毫不利己，专门利人、坚持原则，秉公办事、克己奉公，不谋私利等。提倡共产主义道德，要通过在生产、工作、学习和社会生活的各个方面发挥先锋模范作用的实际行动体现出来。共产党员必须认真学习、勇于实践、开拓创新、与时俱进，始终保持党员的先进性。实践告诉我们，办好中国的事情，关键在党，关键在按照中央的要求把党员队伍和干部队伍建设好。当前，党的建设总的形势是好的，人民群众对我们的党在相当程度上是认可的，国际社会也给予了积极评价。但是，我们也必须清醒地看到，当前党的建设尤其是党风廉政建设和反腐败工作面临着一些新情况新问题，违纪违法案件在一些地方和部门仍然呈多发态势，损害群众利益的问题仍然比较突出，党内不正之风仍然比较严重，反腐倡廉工作仍然存在薄弱环节，等等。这些问题的存在表明，党的建设还是一项硬任务，反腐倡廉工作依然艰巨。表现在一些党员领导干部身上，就是思想道德滑坡，是非不清，荣辱不分，其严重程度值得我们全党重视起来。因此，近年来，我们党反复强调，切实加强广大党员、干部的道德修养。共产党员的思想道德建设不是一个新话题，历史和现实都表明，道德在人类社会的发展和进步中具有重要作用。道德水平的高低、道德修养的好坏，是判断一个共产党员人格优劣的重要标准，是衡量一个共产党员有没有先进性的重要尺度，也是决定一个共产党员有没有光明的政治前途的重要基础。

中华民族是一个崇尚道德、重视操守的民族。数千年来，中华民族形成了许多传统美德。比如，厚德载物、克己省身的修身之道；敬业乐群、公而忘私的奉献精神；天下兴亡、匹夫有责的爱国情操；"先天下之忧而忧，后天下之乐而乐"的崇高志向；自强不息、艰苦奋斗的昂扬锐气;"富贵不能淫、贫贱不能移、威武不能屈"的浩然正气;海纳百川、豁达大度的广阔胸襟;舍生取义、见义勇为的英雄气概;"己所不欲,勿施于人"的律己操守;大道之行,天下为公的社会理想。这些都已深深熔铸在我们的民族性格之中,渗透在民族的血脉之中,成为维系中华民族生生不息的精神纽带,成为推动中华民族持续发展的精神动力。

中国共产党是中华民族的先锋队,是中国历史的继承者,也是历史的创造者。在漫长的岁月里,中国共产党人在继承传统美德的基础上,以马克思主义为指导,结合革命、建设和改革的实践,以自己的实际行动赋予中华民族传统美德以新的时代内涵,并将其升华到一个更高的境界,把高尚的道德情操与坚定的党性原则统一起来,形成了源于中华传统美德又高于中华传统美德的、独具特色的社会主义、共产主义道德,突出表现为解放思想、实事求是、与时俱进;立党为公、执政为民;克己奉公、多做贡献;爱党爱国、爱岗敬业;崇尚科学、追求光明。共产党这些独具特色的社会主义、共产主义道德,为我们党的发展和巩固提供了依据,为我们党保持先进性创造了条件,为我们党领导全国人民不断取得革命建设和改革的新成就奠定了基础。

党章在规定共产党员必须履行八项义务的同时,也具体规定了党员享有的权利。党员必须履行的义务和党员必须享有的权利,是党员政治生活中相互联系的两个方面。履行义务是享有权利的体现,享有权利是履行义务的保障。事实上,没有不享有权利的义务,也没有不履行义务的权利。按照党章规定,共产党员享有的权利主要有八项。

第一,参加党的有关会议,阅读党的有关文件,接受党的教育和培训。这是共产党员最起码的权利,也是党员提高自身政治觉悟、思想水平、业务能力的有效途径。

党员有"参加党的有关会议"的权利。党的有关会议主要包括党小组会、支部党员大会以及按照其担任的党内职务和代表资格应当参加的有关会议。党员参加党的有关会议，是党员接受党的教育、管理和监督，参加党的正常组织生活的重要内容，是党员行使管理党内事务的重要形式，也是党内民主制度的重要体现。

党员有"阅读党的有关文件"的权利。只有让党员阅读党的文件，才能使党员及时准确地了解和领会党的精神，减少工作中的盲目性，增强工作的有效性，保证党的主张和意图在实践中的贯彻落实。因此，党组织应给党员提供阅读党的文件的必要条件。

共产党员有"接受党的教育和培训"的权利。对共产党员来说，要想不断发展进步，全面提高自身素质，加强主观努力，积极学习马克思列宁主义、毛泽东思想、邓小平理论、"三个代表"重要思想、科学发展观、习近平新时代中国特色社会主义思想，认真学习党的路线、方针、政策和决议，认真学习党的基本知识，认真学习科学、文化和业务知识，是非常重要的。但是，党组织对党员的经常性的教育和培训也是不可忽视的重要途径。因此，党组织要为党员的教育和培训创造条件，要有计划地采取多种形式，经常对党员进行教育和培训，不断提高党员的思想政治素质和业务水平，使党员更好地发挥先锋模范作用。党员则要服从党组织的安排，参加党组织的教育和培训，接受党组织的教育和培训。

第二，在党的会议上和党报党刊上，参加关于党的政策问题的讨论。这是党员参与党内政治生活的重要保证，也是防止党内发生"一言堂"错误的重要措施。

党的会议是制定党的政策的基本形式。党的政策也即党的主张，党员的意志。党的政策正确与否，直接关系党的领导的成功与失败。所以毛泽东早就告诫我们："政策和策略是党的生命，各级领导同志务必充分注意，万万不可粗心大意。"①党要制定正确的政策，实现有效的领导，就必须保证决策的科学化和民主化。必须使党员享有在党的会议上参加关于党的政策问题的讨论的权利，使党员在党的会议上提出自己对党的政策的看法，为党制定政策、正确决策提供依据。

党报党刊是党的喉舌，是宣传党的政策的重要阵地，是党员发表自己对党的政策问题的看法的有效载体，也是党员参加对党的政策问题讨论的重要形式之一。在讨论中，党员以个人名义投送的稿件，不需经过其所在党组织审阅或批准。这样做，既可以集思广益，使党的领导机关更好地听取广大党员的意见和要求，使党的路线、方针、政策的制定更加符合客观实际，更加符合人民群众的要求，又可以使党员在讨论中加深对党的路线、方针、政策的理解，提高贯彻执行的自觉性、坚定性。

第三，对党的工作提出建议和倡议。这是发挥党员的主动性和创造性，增强党的凝聚力和战斗力的重要措施。

对党的工作提出建议和倡议作为党员的基本权利之一，是由党的性质和民主集中制的根本原则所决定的。党的性质要求党的工作必须符合全党的利益和人民利益，民主集中制要求党在做出工作决策的时候，必须在充分发挥党内民主的基础上，按照少数服从多数的原则，集中多数党员的意见，因此，党员对党的工作提出建议和倡议，就成了党的性质和民主集中制原则的题中必有之义。共产党员在对党的工作提出建议和倡议的时候，可以口头或书面形式，按照一定的组织程序反映给党的组织。一般说来应当首先向自己所在的基层党组织反映，并经过基层党组织向党的上级组织反映，但在特殊情况下，党员也可以向党的上级组织直至中央组织提出。

---

① 《毛泽东选集》第4卷，人民出版社1991年版，第1298页。

第七章 党员

党组织要支持和鼓励党员对党的工作提出建议和倡议。党组织对党员提出的建议和倡议应认真研究，合理的应予采纳并告知提出建议和倡议的党员。对改进党的工作有重要价值的，党组织应给予表扬或奖励。

第四，在党的会议上有根据地批评党的任何组织和任何党员，向党负责地揭发、检举党的任何组织和任何党员违法乱纪的事实，要求处分违法乱纪党员，要求罢免或撤换不称职的干部。这是党正确地解决党内矛盾、开展党内斗争，保证党的肌体健康的重要保证。

批评和自我批评是党的优良作风之一，是解决党内矛盾、开展党内斗争的有力武器。如果党员认为党组织和党员在某一问题上有缺点、错误，不能视而不见、听而不闻。这是对党不负责任的表现，不是共产党员应有的品格。党员如果发现了党组织和党员有缺点、错误，应当以高度的责任心和事业心，不论其是哪一级党组织，也不论是哪一位党员，都应当勇敢地对其缺点和错误提出批评，以促使其克服缺点、纠正错误，避免给党和人民造成更大的危害。这里主要是强调了党员作为批评主体，其批评客体或者说被批评的对象是没有限制的，是任何党组织和任何党员，而不是有的党组织和党员可以批评，有的党组织和党员不能批评。党员批评党组织和党员的缺点、错误，不能采取私下议论的方法，更不能采取不合法的手段，而应当按照我们党的组织程序和组织生活制度，在党的会议上发表自己的看法，切不可会上不说，会下乱说，这是自由主义的表现，是党的纪律所不允许的。

对任何党组织和任何党员的违法乱纪行为，党员要负责地进行揭发和检举，这是党员以实际行动帮助党组织和党员遵纪守法，督促党组织和党员在党的纪律和国家法律范围内活动的重要措施。党员有权以口头或书面的方式向党的各级组织直至中央，认真负责地揭发、检举党的任何组织和任何党员违法乱纪的事实，在揭发和检举的形式上是多样的，可以利用党的会议的形式，可以利用写信（包括署名或不署名）的形式，也可以利用当面向党组织反映的形式，等等。在揭发和检举的目的上，应当是对党负责，而不能泄私愤、图报复。在所揭发和检举的内容上，要属实，不能毫无根据。当然，因为所有的违法乱纪行为，手段都比较隐蔽，党员在细节问题上不可能十分清楚。因此，在揭发和检举违法乱纪的事实时，只要确有其事，确属违法乱纪，就可以揭发和检举。

党员有权要求对违法乱纪的党员给予相应的党的纪律和国家法律的惩处，这是帮助、教育和挽救违法乱纪党员的重要方法，是维护党的纪律和国家法律的威严的重要措施，是震慑和教育其他党员的重要形式。党的纪律是党员必须遵守的，国家法律是国家意志，是人民意志，是社会公民必须遵守的。纪律和法律的强制性决定了对一切违法乱纪行为都不能迁就，对一切违法乱纪的人都要一视同仁，都要使其负相应的责任。因此，党员要求对违法乱纪的党员进行处分，不仅是应该的，而且是十分必要的。党员有权对不称职的干部要求罢免或撤换，这是因为干部是人民公仆，干部是党的事业的骨干。只有称职的干部，才能自觉做到为人民服务，才能带领人民群众推进党的事业。如果任不称职干部在其位、掌其权，必然会给党和人民利益造成损失。因此，共产党员要用党的干部条件来衡量干部是否合格，用干部在实践中的实绩来判断干部是否称职。对不称职的干部有权提出罢免或撤换的要求。这样，不仅对不称职的干部是一种解脱，更重要的是有利于党的干部原则和干部路线的贯彻落实，有利于激发干部的责任心和事业心，有利于党的事业的发展和人民利益的实现。

各级党组织都要支持党员在党内开展批评和自我批评，支持党员同各种违法违纪行为和不正之风作斗争。党组织对党员的批评、检举、控告和罢免要求，应及时受理，然后按照"分级负责、分工归口"的工作制度进行处理。对署名的批评人、检举人和控告人，应进行回访或回函告知处理结果；要保护检举人和控告人。对检举人、控告人及检举、控告内容，应当保密，不准将检举控告材料转给被检举、被控告的组织和人员。严禁对批评人、检举人、控告人歧视、刁难、压制，严禁各种形式的打击报复；对检举、控告或反映情况的应予以支持、鼓励。对检举、控告不完全属实的，除对不属实的部分予以解释说明外，对属实的部分应予以处理。对检举、控告不实的，必须分清是错告还是诬告。如系错告，应说明情况，澄清是非；如系诬告，必须对诬告者追究责任，严肃处理。

第五，行使表决权、选举权，有被选举权。这是在党的生活中体现党员意志，发挥党员管理党内事务的作用的重要基础，是党内民主制度的重要体现。

表决权，是指党员在党的会议上，对那些需要表决做出决定的问题和人选表示自己态度的权利。所有参加会议有表决权的正式党员，可以投赞成票、反对票和弃权票。这是党员参与党的领导和党内事务管理的具体形式，是发扬党内民主、进行正确集中的重要形式。每个共产党员都要以对党高度负责的精神，认真对待并正确行使自己的民主权利。

选举权，是指党员在参加党内选举时，有表达自己意志的权利。即有权了解候选人的情况，批评候选人和建议更换候选人，有权选举或不选举某个党员为某个党组织的领导成员和出席某一级党代表大会的代表。

被选举权，是指党员有被选为党的各级组织的领导成员和各级党的代表大会代表的权利。

第六，在党组织讨论决定对党员的党纪处分或作出鉴定时，本人有权参加和进行申辩，其他党员可以为他作证和辩护。这是党纪处分和党员鉴定工作正确进行的重要基础，是充分听取本人和其他党员的意见，是为了维护党员的正当权益的重要形式，是党纪处分适度合理，避免和防止在党纪处分工作的党员鉴定工作中出现冤、假、错问题的重要保证，也是使被鉴定或受党纪处分党员受到教育的重要方法。

在党组织讨论决定对党员的党纪处分或作出鉴定时，本人有权参加和进行申辩，强调了在党组织讨论对党员的纪律处分或作出鉴定时，受处分或被鉴定党员本人应当怎么做。即有权参加和进行申辩。党纪处分，是指党组织对犯错误的党员，按照情节轻重和党章规定作出的处罚决定；党员的鉴定，是党组织对党员个人所作出的书面评价，是党组织对党员全面了解和考察的依据材料。对党员进行党纪处分或作鉴定时，本人有权申辩。这是因为一方面共产党是大公无私、实事求是的党，共产党的一切行为都是公开的、民主的行为。对党员实施纪律处分或作出鉴定，另一方面对党员作出纪律处分或鉴定是一种组织行为而不是个人行为，必须通过支部党员大会首先作出决议，经报上级党组织审批，才能生效。

在党组织讨论决定对党员的党纪处分或作出鉴定时，其他党员可以为他作证和辩护，强调了党组织在讨论决定对党员的纪律处分或作出鉴定的时候，其他党员应当怎么做。即其他党员可以为他作证和辩护。对受处分党员或被鉴定的党员在会上为自己所做的申辩，如果其他党员认为是事实，而且了解这方面的事实，就有权为他作证；如果其他党员认为受处分党员或被鉴定的党员在会上为自己所做的申辩有道理，和其意见一致，就可以为其辩护。党的组织就要允许其他党员进行作证和辩护。

党组织不仅要通知受处分党员或被鉴定的党员按时参加讨论决定的会议，而且要允许党员本人为自己申辩，允许其他党员为他作证和进行辩护。需要注意的是，党组织对党员的申辩及其他党员为之作的证明和辩护要认真听取，进一步核实，采纳其合理意见。对那些不予采纳的意见，要向本人说明不予采纳的理由，让受处分的党员心悦诚服。对党员实事求是的申辩、作证和辩护，不得进行追究。

第七章 党员

第七，对党的决议和政策如有不同意见，在坚决执行的前提下，可以声明保留，并且可以把自己的意见向党的上级组织直至中央提出。这是党坚持真理，修正错误，发挥党员的主动性和创造性，增强党的凝聚力和战斗力的有效方法和途径。

党员对党的决议和政策如有不同意见，在坚决执行的前提下，可以声明保留，这是党员可以采取的一种行动。中国共产党党员是中国工人阶级的有共产主义觉悟的先锋战士，这是党员的共性，但由于党员个人在学习、工作、生活等各方面又有一定的个性，所以往往会对一个问题甚至对党的决议和政策产生不同的看法。也由于党的决议和政策是按照党员少数服从多数的原则而制定的，党员中的少数对决议和政策有不同看法，也就不难理解了。但是，党组织一旦对某一问题和事件按照法定的程序作出了决议和政策，根据党的组织原则和组织纪律，党员个人就必须坚决服从、坚决执行。这是保证党员有令就行、有禁即止的基本前提。

党员对党的决议和政策有不同意见，在坚决执行的前提下，可以声明保留，并且可以把自己的意见向党的上级组织直至中央提出，这又是党员可以采取的一种行动。党员对党的决议和政策的不同意见，在坚决执行的前提下，可以按照党的组织程序和正常途径，以书面或口头的形式，向党的上级组织直至中央提出。这样可使党的上级组织直至中央对党员个人的不同意见、对组织作出的决议和政策，站在更高的层次上进行全面的审查，对谁是谁非作出正确的判断和裁决，谁错了谁纠正。

任何党组织和党员都不应强迫党员放弃保留意见，同时党组织要善于倾听各种不同意见。对持有不同意见的党员，只要他们坚决执行党的决议和政策，就不得对他们进行纪律追究。对保留意见的党员或作出决议和政策的党组织来说，当实践证明自己确实错了，就应该实事求是地、勇敢地纠正。

第八，向党的上级组织直至中央提出请求、申诉和控告，并要求有关组织给以负责的答复。这是弘扬正气、伸张正义，增强党员坚持真理，同党内不正之风作斗争的决心和信心的重要措施，也是防止冤假错案发生的重要保证。

向党的上级组织直至中央提出请求、申诉和控告，这里包含着三层含义。一是请求，即党员的请求权，是指党员向上级组织直至中央，就自己遇到的有关情况或问题请求给予支持、帮助或调查的权利。二是申诉，即党员的申诉权，是指党员被人揭发或犯了错误，受到组织的审查或处分，本人认为组织的决定或处理意见与事实不符、定性不准、处理不妥等，向上级党组织直至中央申诉事实和理由，提出重新审查或处理的权利。三是控告，即党员的控告权，主要是指党员受到打击、迫害、诬陷或因为揭发某些人、某级组织的缺点和错误而受到压制、报复时，向上级党组织直至中央提出控告，要求伸张正义的权利。党员的请求、申诉和控告，要向党的上级组织直至中央提出。这是因为党员的请求权、申诉权和控告权的行使是有前提的。请求权一般是在党员得不到本级党组织的支持和帮助的时候行使的一种权利；申诉权一般是在党员认为组织作的决定和处理有问题的时候行使的一种权利；控告权一般是在党员认为自己受到冤枉的时候行使的一种权利。在这样的前提下，如果党员把个人的请求、申诉、控告还反映给本级组织、做出决定和处理的组织、使自己受到冤枉的组织，不论对党员个人还是对党的工作，都不会达到理想的目的。因此，就需要党的上级组织的支持。

向党的上级组织直至中央提出的请求、申诉和控告，要求有关组织给以负责的答复。党组织对党员的请求，凡属合理而且能够解决的，应认真及时地予以解决；对要求合理，但一时解决不了的，要说明情况，并积极创造条件，争取早日解决；对不合理的要求，要耐心解释，进行说服教育，做好思想工作。同时，党组织还要认真处理党员的申诉。对党员的申诉，应由作出或批准处分、鉴定、审查结论或其他处理的党组织进行复查或复议。上级党组织认为必要时，可以直接或指定有关党组织进行复查或复议。党组织对党员的请求、申诉和控告必须及时作出答复，严格按有关政策办事，以党纪为准绳，以事实为依据，及时恰当地处理问题。应按照全错全纠、部分错部分纠、不错不纠的原则，实事求是地处理。这样做，可以使上级党组织直至中央及时了解下情，改进工作，可以有效地防止和避免冤假错案和打击报复现象的发生。因此，如果党员不能得到党的上级组织及时的、负责的答复时，党员有权利要求有关组织给予负责的答复。

党员的上述民主权利，是党章赋予的。党员行使民主权利是党员应当享有的政治权益，也是党员履行义务的重要保障。因此，每一个共产党员都必须逐条认真学习领会，把握其精神实质，正确行使民主权利；党的任何一级组织直至中央都无权剥夺党员的上述权利。

第八章　党的干部

马克思在总结巴黎公社关于无产阶级革命的历史经验中，提出"社会公仆"概念。列宁也明确提出，苏维埃政权的本质就是由"社会公仆"代表人民管理国家。马克思主义经典作家，对如何防止这些人，由"社会公仆"变为"社会主人"，都有大量的论述。中国共产党历来十分重视建设高素质干部队伍这个重大课题，始终把选人用人作为关系党和人民事业的关键性、根本性问题来抓。党章规定："党的干部是党的事业的骨干，是人民的公仆，要做到忠诚干净担当。"[①]新时代更要站在战略的高度，深刻认识建设高素质干部队伍的重大意义。

[①] 《中国共产党章程》，人民出版社2022年版，第26页。

第八章 党的干部

一、党的干部必须具备的基本条件

《中国共产党章程》以党内根本大法的形式对党的干部必须具备的条件作出了明确规定。党章指出,"党的各级领导干部必须信念坚定、为民服务、勤政务实、敢于担当、清正廉洁,模范地履行本章程第三条所规定的党员的各项义务"[①]。

第一,理论水平和政治水平方面。党章规定:"具有履行职责所需要的马克思列宁主义、毛泽东思想、邓小平理论、'三个代表'重要思想、科学发展观的水平,带头贯彻落实习近平新时代中国特色社会主义思想,努力用马克思主义的立场、观点、方法分析和解决实际问题,坚持讲学习、讲政治、讲正气,经得起各种风浪的考验。"[②]这是对领导干部在理论水平和政治水平方面的要求。中国共产党作为一个马克思主义政党,一个重要的理论基础就是始终坚持马克思主义的指导,因此,党必然要求自己的党员特别是各级领导干部,要对马克思主义特别是与时代和党的实践同步而产生的中国化的马克思主义,即中国特色社会主义理论体系,做到真学、真懂、真信、真用,因为理论上的成熟是政治上成熟的基础。而理论上成熟的标准,就是能够用马克思主义以及中国特色社会主义理论体系中所蕴含的人民至上的根本立场、辩证唯物主义和历史唯物主义的根本观点、群众路线的根本方法,分析和解决实际问题,这是对科学理论真学、真懂、真信、真用的最高境界。领导干部只要有

[①] 《中国共产党章程》,人民出版社 2022 年版,第 26 页。
[②] 《中国共产党章程》,人民出版社 2022 年版,第 26—27 页。

了马克思主义的这个行动指南，就能够自觉做到政治上明白、坚定，就能经得住各种考验。

第二，理想信念和实践业绩方面。党章规定："具有共产主义远大理想和中国特色社会主义坚定信念，坚决执行党的基本路线和各项方针、政策，立志改革开放，献身现代化事业，在社会主义建设中艰苦创业，树立正确政绩观，做出经得起实践、人民、历史检验的实绩。"[1]这是对领导干部思想精神层面和实践业绩层面提出的要求。习近平总书记指出："思想教育要突出重点，加强党性和道德教育，引导党员、干部坚定理想信念，坚守共产党人精神追求。"[2]共产党人的精神追求是什么？从根本上说，是为实现共产主义而奋斗，因此要坚定共产主义理想信念。从现实来讲，就是要追求国家富强、民族振兴；追求人民幸福、百姓富裕；追求社会和谐、长治久安。应当强调的是，共产党人的根本精神追求与现实精神追求是源和流的关系，即为实现共产主义而奋斗的根本追求是共产党人终身的政治使命，而追求国家富强、民族振兴，人民幸福、百姓富裕，社会和谐、长治久安的现实追求则是我们这一代共产党人的历史责任。只要领导干部坚定共产主义理想和中国特色社会主义信念，就必然在实践中坚持党的基本路线，做出经得起实践、人民和历史检验的实绩。但如果领导干部在理想信念方面动摇了，那就不可能有坚强的党性、正确的"官德"，就必然在实践中搞形式主义、官僚主义、享乐主义和奢靡之风，甚至堕落成严重违纪违法的腐败分子。正如习近平总书记所讲："'求木之长者，必固其根本；欲流之远者，必浚其泉源'。对党

---

[1]《中国共产党章程》，人民出版社2022年版，第27页。
[2] 习近平：《在党的群众路线教育实践活动总结大会上的讲话》，人民出版社2014年版，第17页。

第八章　党的干部

员、干部来说，思想上的滑坡是最严重的病变，'总开关'没拧紧，不能正确处理公私关系，缺乏正确的是非观、义利观、权力观、事业观，各种出轨越界、跑冒滴漏就在所难免了。思想上松一寸，行动上就会散一尺。"[1]当然，思想认识问题一时解决了，不等于永远解决。就像房间需要经常打扫一样，思想上的灰尘也要经常打扫，镜子要经常照，衣冠要随时正，有灰尘就要洗洗澡，出毛病就要治治病。这就是说，领导干部必须把坚定理想信念，保持高尚的精神追求，献身现代化事业，作为自己的终生课题。

第三，思想方法和工作方法方面。党章规定："坚持解放思想，实事求是，与时俱进，开拓创新，认真调查研究，能够把党的方针、政策同本地区、本部门的实际相结合，卓有成效地开展工作，讲实话，办实事，求实效。"[2]这是对领导干部在思想方法和工作方法方面的要求。解放思想、实事求是，是我们党思想路线的核心，也是我们党最根本的思想方法。领导干部真正做到解放思想、实事求是，就必须认真调查研究，克服官僚主义；就必须坚持一个"实"字，反对形式主义。应当肯定，经过在全党开展以纠正形式主义、官僚主义、享乐主义和奢靡之风为主要任务的党的群众路线教育实践活动，官僚主义、形式主义在一定程度上得到了遏制。但是作风问题具有反复性，纠正不良作风也不会一劳永逸，于是作风建设永远在路上。这就要求各级领导干部必须始终坚持解放思想、实事求是的思想路线。

第四，历史担当和领导能力方面。有强烈的革命事业心和政治责任

---

[1] 习近平：《在党的群众路线教育实践活动总结大会上的讲话》，人民出版社2014年版，第17页。

[2] 《中国共产党章程》，人民出版社2022年版，第27页。

感，有实践经验，有胜任领导工作的组织能力、文化水平和专业知识，这是对领导干部在历史担当和领导能力方面的要求。对党员领导干部来说，之所以要具备这方面的条件，一是因为党员领导干部自当做到"在其位、谋其政"。党员领导干部应当"谋"的"政"是什么，最根本的就是党的事业，具体说就是坚持和发展中国特色社会主义，就是实现我们党制定的第二个百年奋斗目标，实现中华民族伟大复兴。这个目标能否实现，是对党员领导干部历史担当精神和领导能力、领导水平的重大考验。二是因为党的事业、党的奋斗目标就是全中国人民的共同事业，是全中国人民的共同奋斗目标，因为中国共产党是中国最广大人民的根本利益的代表。中国梦是中国人民的梦，实现中国梦需要中国精神，实现中国梦需要中国力量。因此，只有坚持中国共产党的领导，只有紧紧团结和依靠中国人民，才能不断推进党的事业，朝着实现党的奋斗目标的方向不断前进。

第五，行使权力和工作方面。党章规定："正确行使人民赋予的权力，坚持原则，依法办事，清正廉洁，勤政为民，以身作则，艰苦朴素，密切联系群众，坚持党的群众路线，自觉地接受党和群众的批评和监督，加强道德修养，讲党性、重品行、作表率，做到自重、自省、自警、自励，反对形式主义、官僚主义、享乐主义和奢靡之风，反对特权思想和特权现象，反对任何滥用职权、谋求私利的行为。"[①]这是对领导干部的用权和作风方面的要求。领导干部之所以是领导干部，就是因为其手中掌握着权力。从理论上讲，领导干部的权力是人民赋予的，用人民赋予的权力为人民服务，本是一件天经地义的事情。但是从实践中来看，权力的确是一把"双刃剑"，把权力用来为人民服务，这是共产党人权力的

[①] 《中国共产党章程》，人民出版社2022年版，第27页。

第八章　党的干部

本质属性，应当成为领导干部用权的价值追求。如果用权力为个人、为亲属、为小团体谋取利益，就违背了共产党人权力的本质，领导干部就必然违纪违法、腐败堕落。现实既有一大批用权为民的优秀领导干部，也有不少用权谋私的领导干部。他们的权力观不同，导致最终的政治结局也有天壤之别，其间的经验教训足以各位领导干部汲取。

第六，组织观念和全局观念方面。党章规定："坚持和维护党的民主集中制，有民主作风，有全局观念，善于团结同志，包括团结同自己有不同意见的同志一道工作。"[1]这是对领导干部在组织观念和全局观念方面的要求。民主集中制是我们党的根本组织制度和领导制度，是处理党内各种矛盾关系的正确准则，也是党始终成为团结统一战斗整体的重要保证。因此，中国共产党作为一个靠理想和纪律建立起来的马克思主义政党，民主集中制是党的纪律体系中最重要的政治纪律和组织纪律。一个领导干部民主集中制观念强不强，贯彻民主集中制的作风优不优，执行民主集中制的能力大不大，直接决定其领导成效高不高。从政治的高度来讲，在领导干部中，那些搞小集团、小山头、小圈子的；那些口无遮拦、我行我素，想说什么说什么，想干什么干什么的；那些插手工程项目、为亲属子女经商办企业提供便利的；那些搞"封妻荫子""一人得道鸡犬升天"的，都是对民主集中制的公然挑战，都是对党的政治纪律和政治规矩的公然违背。其结果不仅使党的组织、党的事业受到损害，而且领导干部本人也会受到党的纪律的严厉处罚。

---

[1] 《中国共产党章程》，人民出版社2022年版，第27页。

马克思主义党的建设基本原理

二、把好干部标准落到实处

新时代赋予新使命，新使命需要好干部，党的干部是党和国家事业的中坚力量，是党和国家大政方针决策的贯彻执行者，是社会主义现代化建设的领路人，是带领人民创造幸福生活的带头人。党管干部是巩固党的执政地位的一个重要保障，是坚持走中国特色社会主义道路的坚实基础。我们要建设一支能够带领中国亿万群众实现中国梦的坚实队伍，就要真抓实干，打好选人用人这一攻坚战。习近平总书记强调，好干部就是"信念坚定、为民服务、勤政务实、敢于担当、清正廉洁"[1]的干部。

信念坚定，就是党的干部必须坚定共产主义远大理想，真诚信仰马克思主义，矢志不渝为中国特色社会主义而奋斗，坚持党的基本理论、基本路线、基本纲领、基本经验、基本要求不动摇。

理想信念就是人的志向。古人说："志之所趋，无远勿届，穷山距海，不能限也。志之所向，无坚不入，锐兵精甲，不能御也。"意思是说，志存高远的人，再遥远的地方也能达到，再坚固的东西也能突破。在革命、建设、改革各个历史时期，有无数共产党员为了党和人民事业，牺牲个人利益，甚至献出了生命，为党所领导的革命、建设和改革作出了巨大贡献，支撑他们的就是"革命理想高于天"的精神力量。

理想信念坚定是好干部第一位的标准，是不是好干部首先看这一条。如果理想信念不坚定，不相信马克思主义，不相信中国特色社会主义，

---

[1] 《十八大以来重要文献选编》（上），中央文献出版社2014年版，第337页。

就是在政治上不合格，就经不起风浪的考验，经不起糖衣炮弹的诱惑，这样的干部能耐再大也不是我们党需要的好干部。只有理想信念坚定，用坚定理想信念炼就了"金刚不坏之身"，干部才能在大是大非面前旗帜鲜明，在风浪考验面前无所畏惧，在各种诱惑面前立场坚定，在关键时刻靠得住、信得过、能放心。习近平总书记指出："理想信念是共产党人精神上的'钙'，精神上'缺钙'就会得'软骨病'。"[1]现在，形式主义、官僚主义、享乐主义和奢靡之风为什么盛行？为什么不断有人沦为腐败分子，走向犯罪的深渊？说到底，还是理想信念不坚定。从这里的教训可以看出，党员领导干部只有理想信念坚定，才能在任何情况下都做到政治信仰不变、政治立场不移、政治方向不偏。

如何来检验党员领导干部的理想信念是否坚定呢？战争年代最突出的考验就是是否敢于在敌人的枪林弹雨中流血牺牲，是否勇于在敌人的严刑拷打中宁死不屈。和平建设时期，生死考验有，但毕竟不多，检验一个干部理想信念是否坚定确实比较难，但也不是不能检验，那就主要看干部是否能在重大政治考验面前有政治定力。这样的检验需要一个过程，不是一下子、经历一两件事、听几句口号就能解决的，要看长期表现，甚至看一辈子。因此，党员领导干部应当把坚定理想信念作为自己终生的政治任务，什么时候也不能放松，什么事上也不能懈怠。

为民服务，就是党的干部必须做人民公仆，忠诚于人民，以人民忧乐为忧乐，以人民甘苦为甘苦，全心全意为人民服务。勤政务实，党的干部必须勤勉敬业、求真务实、真抓实干、精益求精，创造出经得起实践、人民、历史检验的实绩。

---

[1] 中共中央文献研究室编：《习近平关于全面依法治国论述摘编》，中央文献出版社2015年版，第99页。

得民心者得天下，失民心者失天下。中国共产党之所以夺得天下，靠的就是人民群众的坚决拥护。共产党要想长期执政，仍然离不开人民群众的拥护。同样，一个领导干部要想在群众中获得威望，树立良好形象，也必须全心全意为人民服务，诚心诚意为群众谋利益，即必须勤政为民。

所谓为民，就是为人民谋利益。领导干部必须时刻牢记党的性质和宗旨，把为人民谋利益、做好事、办实事，作为自己全部工作的出发点和落脚点。因此，党员、干部必须时常记住：自己手中的权力是人民给的，为人民做事情是职责所在，即使群众对有的工作比较满意，也不该让群众感谢，更不值得大肆炫耀，对群众的批评更应该虚心接受，从而把工作做得更好，做出更多更大政绩。

当前，党员领导干部做到为民服务，必须进一步改进工作作风。工作作风上的问题绝对不是小事，如果不坚决纠正不良风气，任其发展下去，就会像一座无形的墙把我们党同人民群众隔开，我们党就会失去根基、失去血脉、失去力量。党员领导干部作为党的工作作风建设的主体，一定要认真全面地落实关于改进工作作风、密切联系群众的中央八项规定精神，自觉抵御形式主义、官僚主义、享乐主义和奢靡之风这四种不良风气。虽然这"四风"在党的群众路线教育实践活动中作为集中解决的问题，已对其进行了大排查、大检修、大扫除，而且也取得了显著成果。但是，工作作风的改进不会一劳永逸，工作作风中的问题具有反复性，不会因为一次活动就彻底革除，改进工作作风是一项长期的重要任务。只有这一任务完成好了，才能使我们的党做好为民服务的各项工作，实现、发展和维护人民群众的利益，从而赢得民心，巩固执政基础。

勤政务实，就是要为官一任、造福一方。所谓勤政，就是勤于政事。"业精于勤而荒于嬉"，意思是说，学业由于勤奋而精通，在嬉笑玩耍中荒废。学业如此，党的事业又何尝不是如此呢？因此，党员领导干部对

第八章　党的干部

自己所承担的工作必须夜以继日，任劳任怨，忠于职守，勤奋敬业，勇于创新，顽强拼搏。事实上，每个领导干部，都承担着与其权力相适应的职责，领导干部的权力越大，职责也就越重，就越应当勤政。

"务实"是实现党的价值追求的关键，正确的认识只能来源于群众的实践，正确的决策只有变成群众的自觉行动才能实现。现在，有的领导干部高高在上，满足于发号施令，工作漂浮，不务实事；有的对党的决定敷衍应付，做表面文章；有的弄虚作假，报喜不报忧，听喜不听忧；有的精神不振，无所用心，不去了解基层情况，不关心群众的疾苦。这些不良作风严重脱离群众，贻误党的事业，必须痛下决心加以改变，坚持做到突出一个"实"字，察实情、办实事、求实效。

总之，勤政务实就是为群众办实事、谋利益。要引导广大党员干部特别是各级领导干部，紧密联系全面建设小康社会的实践，坚持讲实话、出实招、办实事、务实效，把工作的着力点真正放到研究解决改革发展稳定中的重大问题上，放到研究解决群众生产生活中的紧迫问题上，放到研究解决党的建设中的突出问题上，坚持以求真务实精神去抓落实，并在抓落实的实践中不断提高坚持求真务实、为群众谋利益的自觉性和坚定性。

敢于担当，就是党的干部必须坚持原则、认真负责，面对大是大非敢于亮剑，面对矛盾敢于迎难而上，面对危机敢于挺身而出，面对失误敢于承担责任，面对歪风邪气敢于坚决斗争。

领导干部敢于担当，需要一系列的主观认知条件。一是对国内外形势的科学判断，认清担当的客观环境。二是对党和国家发展目标的深刻预知，明确担当什么的问题。三是对人民群众热切期盼的准确把握，找到实现担当责任的动力问题。四是对自身所承担的责任的清醒认识和履行职责能力的坚定自信，增强实现担当的能力。

无私才能无畏，无私才敢担当，心底无私天地宽。作为党的干部，就是要讲大公无私、公私分明、先公后私、公而忘私，只有一心为公、事事出于公心，才能坦荡做人、谨慎用权，才能光明正大、堂堂正正。作风问题都与公私问题有联系，都与公款、公权有关系。公款姓公，一分一厘都不能乱花；公权为民，一丝一毫都不能私用。领导干部必须时刻清楚这一点，做到公私分明、克己奉公、严格自律。

担当就是责任，敢于担当就是要有责任重于泰山的意识，坚持党的原则第一、党的事业第一、人民利益第一，敢于旗帜鲜明，敢于较真碰硬，对工作任劳任怨、尽心竭力、善始善终、善作善成。疾风识劲草，烈火见真金。为了党和人民事业，我们的干部要敢想、敢做、敢当，做我们时代的劲草、真金。

清正廉洁，就是党的干部必须敬畏权力、管好权力、慎用权力，守住自己的政治生命，保持拒腐蚀、永不沾的政治本色。党员领导干部要做到清正廉洁，必须在工作实践中努力做到"三律"。一是严于律己，这是对领导干部的基本要求，也是做到恪尽职守的基本功。许多事实证明，管住自己就是自我负责，放纵自己就是自我毁灭。每个领导干部首先要洁身自好，克己自律，慎独慎微，清清白白做官，堂堂正正做人。要严格遵守有关廉洁自律的各项规定，防止在政治信仰、思想觉悟、执行纪律上出现滑坡、懈怠和疏忽，努力做到不正之风不染、不义之财不取、不法之事不做、不净之地不去、不正之友不交。二是勇于律他，这是领导干部恪尽职守的具体实践。领导干部仅仅满足于独善其身、洁身自好是远远不够的，还必须勇于律他，对自己管辖范围内的不正确的议论和行为要敢抓敢管、善抓善管和勇于监督，创造良好的工作环境和工作氛围，促使广大群众养成良好的工作作风。三是乐于他律，这是领导干部恪尽职守的重要保证。领导干部要充分地保证广大群众对本单位各项工作的知情权、参与权、管理权和监督权，要自觉地、主动地、高高兴兴地接受党内监督、群众监督、社会监督、舆论监督和专门机关监督等各种来自自身及外部的监督和批评，做到"闻过则喜"，决不能"老虎屁股摸不得"。因为领导干部手中的权力是把双刃剑，你不正确运用它，它就可能置你于万劫不复的深渊，更会给党、给国家、给人民造成无法挽回的损失。总之，党员领导干部要努力做到"心不动于微利之诱，目不眩于五色之惑"，老老实实做人，踏踏实实干事，清清白白为官。

三、着力培养忠诚干净担当的高素质干部

2018年7月召开的全国组织工作会议提出要着力培养忠诚干净担当的高素质干部。高素质，首先是政治素质要高，信念坚定、对党忠诚、心系人民，在政治立场、政治方向、政治原则、政治道路上始终同以习近平同志为核心的党中央保持高度一致，同时具备良好的品行、作风、能力，遵规守纪、廉洁自律。高素质还包括专业化，要有专业思维、专业精神、专业方法，具备做好领导工作的综合素质和领导才能。

对党忠诚，是共产党人首要的政治品质。我们党一路走来，经历了无数艰险和磨难，但任何困难都没有压垮我们，任何敌人都没能打倒我们，靠的就是千千万万党员的忠诚。年轻干部对党忠诚，必须一心一意、一以贯之，必须表里如一、知行合一，任何时候任何情况下都不改其心、不移其志、不毁其节。干净就是要守住拒腐防变防线，牢记清廉是福、贪欲是祸的道理，经常对照党的理论和路线方针政策、对照党章党规党纪、对照初心使命，看清一些事情该不该做、能不能干，时刻自重自省，严守纪法规矩。担当就是要忠诚履责、尽心尽责、勇于担责。年轻干部要发扬历史主动精神，在机遇面前主动出击，不犹豫、不观望；在困难

马克思主义党的建设基本原理

面前迎难而上,不推诿、不逃避;在风险面前积极应对,不畏缩、不躲闪。要做堪当时代重任的接班人,年轻干部就要忠诚干净担当,坚持走中国特色社会主义道路,坚定不移听党话、跟党走,为实现第二个一百年奋斗目标、实现中华民族伟大复兴的中国梦而顽强奋斗。

毛泽东在党的六届六中全会上指出:"政治路线确定之后,干部就是决定的因素。因此,有计划地培养大批的新干部,就是我们的战斗任务。"[①]新中国成立之初,为了适应执掌全国政权和领导社会主义革命、建设的需要,我们党统一调配和大量培养、训练干部。党的十一届三中全会后,针对干部队伍青黄不接的严峻形势,我们党明确提出干部队伍"革命化、年轻化、知识化、专业化"方针,开展"第三梯队"建设,推动实现干部队伍的新老交替与合作。

习近平总书记在2013年全国组织工作会议上指出:"进行具有许多新的历史特点的伟大斗争,实现党的十八大确定的各项目标任务,关键在党,关键在人。关键在党,就要确保党在发展中国特色社会主义历史进程中始终成为坚强领导核心。关键在人,就要建设一支宏大的高素质干部队伍。"[②]习近平总书记在2018年全国组织工作会议上指出了培养干部的重要性:"实现中华民族伟大复兴,坚持和发展中国特色社会主义,关键在党,关键在人,归根到底在培养造就一代又一代可靠接班人。这是党和国家事业发展的百年大计。"[③]

党性具有鲜明的时代特征,它是千百万共产党员为了完成党在各个时期的任务,英勇奋斗,忘我牺牲,开拓进取实践的升华。习近平总书

[①]《毛泽东选集》第2卷,人民出版社1991年版,第526页。
[②]《十八大以来重要文献选编》(上),中央文献出版社2014年版,第336页。
[③]《十九大以来重要文献选编》(上),中央文献出版社2019年版,第568页。

记强调:"党性和人民性从来都是一致的、统一的。坚持党性,核心就是坚持正确政治方向,站稳政治立场,坚定宣传党的理论和路线方针政策,坚定宣传中央重大工作部署,坚定宣传中央关于形势的重大分析判断,坚决同党中央保持高度一致,坚决维护中央权威。"[1]

党性修养也称党性锻炼,是党员的自我教育、自我改造、自我完善;是对共产党的本质属性的内化;是党员在改造客观世界中自觉运用党性原则规范自己的行为,克服和抵制各种错误思想,不断改造主观世界,不断开创实践和认识新境界的过程;是党员自强和自律的统一。党性修养包括马克思主义的理论修养、政治修养、思想道德修养、业务修养等。

以习近平同志为核心的党中央提出和贯彻新时代党的组织路线,着力完善党管干部、选贤任能制度,强化党组织领导和把关作用,树立正确用人导向,坚持不唯票、不唯分、不唯生产总值、不唯年龄,不搞"海推""海选",坚决纠正选人用人上的不正之风,建立健全素质培养、知事识人、选拔任用、从严管理、正向激励五大体系,大力发现和培养选拔优秀年轻干部,推动干部队伍建设迈上新台阶。

习近平总书记在二十届中央纪委二次全会上发表重要讲话指出:"如何始终不忘初心、牢记使命,如何始终统一思想、统一意志、统一行动,如何始终具备强大的执政能力和领导水平,如何始终保持干事创业精神状态,如何始终能够及时发现和解决自身存在的问题,如何始终保持风清气正的政治生态,都是我们这个大党必须解决的独有难题。解决这些难题,是实现新时代新征程党的使命任务必须迈过的一道坎,是全面从

---

[1] 《习近平谈治国理政》第1卷,外文出版社2018年版,第154页。

严治党适应新形势新要求必须啃下的硬骨头。"[①]因此，年轻干部要深刻领悟"两个确立"的决定性意义，进一步增强"四个意识"、坚定"四个自信"、做到"两个维护"，把思想和行动统一到习近平总书记重要讲话精神上来。

[①]《一刻不停推进全面从严治党　保障党的二十大决策部署贯彻落实》，《人民日报》2023年1月10日。

第九章　党的纪律

党的纪律建设是马克思主义政党建设一向所要求的。具有严格的纪律是无产阶级政党存在并赢得胜利的首要前提和根本保证，铁的纪律是战胜资产阶级的基本条件。具有严密的组织性和铁的纪律，是中国共产党的一个重要优势，是实现全党的统一意志、统一行动，充分发挥党的其他各方面优势的重要保证。党的纪律的作用，就是维护党的团结统一，保持党的先进性和纯洁性，增强党的凝聚力和战斗力，保证党的纲领、路线和任务的实现。

第九章　党的纪律

一、党的纪律的重要性

党的纪律是党的路线方针政策贯彻执行的保证，是维护党的团结统一的有力武器，是巩固党与群众密切联系的重要条件。

第一，党的纪律是党的路线方针政策贯彻执行的保证。政党的路线方针政策是政党在一定历史时期，为了实现其政治任务而制定的。贯彻执行党的路线方针政策，是对每一个共产党员在政治上的基本要求。实践证明，正确的路线方针政策制定出来以后，要真正保证它被不折不扣地贯彻落实，并不是一件容易的事情，它要求党的组织路线、党员的先锋模范作用等因素做保证。党的纪律对全党保持统一的意志和行动，保持旺盛的战斗力，具有重要的作用。毛泽东有一句名言："加强纪律性，革命无不胜。"[1] 纪律是执行路线的保证，这说明了党纪对党的路线方针政策贯彻执行的极端重要性。

第二，党的纪律是维护党的团结统一的有力武器。党之所以有力量，不仅在于它由先进的理论武装起来、它有政治纲领基础上的统一意志，还在于它在组织上是一个整体，是用民主集中制的原则组织起来的。为了党的团结统一，就需要我们拿起纪律的武器，同党内的派别活动、小集团活动以及一切分裂党、瓦解党的活动做坚决的斗争。

维护党的团结统一，最根本和最重要的是要和党中央在思想上政治上行动上保持一致，全党服从中央。党章规定了"党员个人服从党的组织，少数服从多数，下级组织服从上级组织，全党各个组织和全体党员

---

[1] 《毛泽东文集》第5卷，人民出版社1996年版，第194页。

马克思主义党的建设基本原理

服从党的全国代表大会和中央委员会"①的纪律原则，并制定了党员干部必须"维护党的团结和统一，对党忠诚老实，言行一致，坚决反对一切派别组织和小集团活动，反对阳奉阴违的两面派行为和一切阴谋诡计"②等一系列具体纪律。全党各级组织和全体党员只有遵守这些纪律，才能保证党在组织上的团结和行动上的一致。

严格党的纪律，也是坚持实行民主集中制和坚持集体领导原则，防止党的领导干部个人专断的保证。民主集中制是我们党和国家的根本组织制度与领导制度，也是最重要的组织纪律和政治纪律。一些领导班子不和谐、不团结，原因是多方面的，但具有共性的一条就是民主集中制执行得不好。有的领导干部喜欢个人说了算，把集体讨论当形式；有的领导干部全局意识差，对集体决定合意的执行，不合意的就不执行。这种现象妨碍领导集体形成整体合力，也会带来政治上的不良影响。

第三，党的纪律是巩固党与群众密切联系的重要条件。密切党群关系，首要的问题是必须保证决策和决策的执行符合人民的利益。同时，要靠全体党员特别是党员领导干部自觉模范地遵守党的群众纪律。只有严格执行党的纪律，才能保持党的优良传统和优良作风，维护群众利益，提高党在人民群众中的地位。中国共产党的长期斗争历史证明，凡是党以严明的纪律，保持和发扬党的优良作风，党同群众保持了血肉的联系，就取得人民群众对党的衷心拥护；凡是党的纪律遭到破坏，不正之风盛行，党和群众的关系就紧张，党的形象就受到破坏。

党的纪律是全党意志的集中体现，需要全党维护。党的纪律的上述重要性，也只有通过全体党员的自觉维护，才能体现出来。因此，每个

---

① 《中国共产党章程》，人民出版社2022年版，第17页。
② 《中国共产党章程》，人民出版社2022年版，第14页。

第九章　党的纪律

共产党员都要增强纪律观念，提高全党遵守党纪的自觉性。党的纪律是全党意志的集中体现，与党领导的工人阶级和最广大人民群众的根本利益具有高度的一致性。要使党的纪律通过党的各级组织和全体党员的行动真正得到贯彻和实现，成为党的组织和每个党员在党内外工作中的行动准则，关键的条件就是要使严格遵守和执行党的纪律，使其成为全党的自觉行动。而对绝大多数党员来说，能否自觉地遵守和执行党的纪律，在很大程度上同他们自身所具备的党的纪律观念、纪律意识存在着十分密切的关系。因此，进行纪律教育，提高全党的纪律观念，是全面从严治党，加强党的纪律建设和正确执行党的纪律的必要条件。其中，要特别注重对党员进行党的纪律规范教育。党的纪律的具体规范是党为了实现自己的纲领和贯彻自己的路线、方针、政策而对党员提出的必须严格遵守的具体要求和标准。党的纪律的具体规范主要包括党章、党内政治生活准则以及其他党规党法。党的纪律的具体规范规定了党员在政治、组织、廉洁、工作、生活以及与群众关系等方面，什么可以做，什么不可以做；怎样做是正确的，怎样做是错误的。我们党对党员的具体规范和具体要求是通过党的纪律的具体规范和具体要求来体现的，党的纪律对党员行为的引导和约束也要通过党的纪律的具体规范来实现。因此，通过教育让广大党员了解和掌握党的纪律的具体规范，使广大党员明是非、知荣辱，形成明确的稳固的纪律观念，将党规党法牢记于心，实践于行，成为自觉遵守党的纪律的模范。

加强党的纪律建设，要加强党纪教育，更要加强党纪的具体条规的建设，二者是互为补充、相辅相成的。党纪具体条规的制定，是党的领导机关为实现党的纲领和路线、方针、政策，按照党章规定，把党对各级党组织和全体共产党员必须遵守的有关事项制定成为有强制作用的、规范的文件的一种活动。党纪具体条规的制定，其实质是党集中工人阶级意志，使之升华，形成为党的整体意志的过程，也是使党的行为规范真正体现和反映党的工人阶级性质，体现和反映党的全心全意为人民服务的根本宗旨的过程，它对加强党的纪律建设，加强党的作风建设都具有十分重要的意义。党如果没有完备的、明确的、具体的、可操作性强的纪律规范，党的组织和每一个党员的行动就"无纪可依"，党就无法运用纪律的原则来调整党的组织和党员的行为。因此，加强党的纪律建设和作风建设，必须加强党的纪律的具体条规的制定完善，使严肃党纪的工作逐步走上制度化和规范化的轨道。

从严执纪是全面从严治党的重要体现。从严执纪，就是维护党纪的权威，这种权威必须由一定的组织强制力来维护。没有这种组织强制力，仅仅依靠党组织和党员的自觉，党纪就成了一种道德规范，其权威性必然大打折扣。执纪越严格，就越能体现出纪律的权威性来。执纪也是教育，对违纪党员进行处分，就可以有效地强化全党的纪律意识。这就是为什么要通过反面教材对党员进行警示教育的目的。坚决清除党内腐败分子是严肃执纪的关键，执纪失之于宽、失之于软，就是姑息养奸，就是纵容，就是对党和广大党员的不负责任。坚持实事求是，注意掌握政策界限。对待违纪案件的查处，要坚持"事实清楚、证据确凿、定性准确、处理恰当、手续完备"的方针，要经得起历史的检验。

要坚持在纪律面前人人平等。凡是中国共产党党员都必须平等地遵守党的纪律，平等地享有党的纪律规定的党内各项民主权利，平等地承担党的纪律规定的党员的各项义务。党不承认也不允许任何只享有权利，不承担义务的特殊党员。任何党员依照党的纪律所应享有的各项党内民主权利，都平等地受到党的纪律的维护和保障。任何一个党员和党组织都无权侵犯党员的各项民主权利。任何党员违反了党的纪律，都必须受到党纪的追究，并按照同样的标准和尺度进行处理。决不允许有不受党的纪律约束的特殊党员。

二、党的纪律的主要内容

党的纪律即"党纪"，是党按照民主集中制的原则，根据党的性质、纲领、革命发展的进程和实现党的路线方针政策的需要而确立的各种党规党法的总称，是党的组织和党员必须遵守的行为规则。通俗地说，党的纪律就是党内的规矩。党章规定了党内生活和党的活动的基本原则，是党的根本大法，也是党的根本纪律。以党章为依据所制定的党的各个领域的行为规范，也是党的重要纪律。可以说，党的纪律涉及党的生活的方方面面，是一个庞大的纪律体系。党的十八大以来，为适应全面从严治党新的实践需要，为维护党的章程和其他党内法规，严肃党的纪律，纯洁党的组织，保障党员民主权利，教育党员遵纪守法，维护党的团结统一，保证党的路线、方针、政策、决议和国家法律法规的贯彻执行，根据《中国共产党章程》，中共中央政治局于2015年10月12日召开会议，审议通过了新修订的《中国共产党纪律处分条例》（以下简称《条例》）。《条例》把党章对纪律的要求整合成政治纪律、组织纪律、廉洁纪律、群众纪律、工作纪律、生活纪律六个方面。2018年7月31日，中共中央政治局召开会议，审议《中国共产党纪律处分条例》。8月26日，新修订的《中国共产党纪律处分条例》公布，从2018年10月1日起实施。2018年8月新修订的《中国共产党纪律处分条例》的一个鲜明特点就是突出政治性，把坚决维护习近平总书记党中央的核心、全党的核心地位，坚决维护党中央权威和集中统一领导作为出发点和落脚点。

2023年12月，中共中央印发了再次修订后的《中国共产党纪律处分条例》，修订后的条例共3编、158条，自2024年1月1日起施行。

政治纪律是党员政治生活中必须遵守的行为规范，在党的各项纪律中是最重要的纪律。党员干部遵守党的纪律最重要的也就是遵守党的政治纪律。这是因为我们党是肩负着历史使命的政治组织，必须有严明的政治纪律和政治规矩。在实践中，我们党历来把政治纪律作为最重要、最根本、最关键的纪律，并把其放在党的各项纪律的首位。《条例》紧紧围绕党中央和习近平总书记关于加强新时代党的建设总要求，把政治建设摆在首位，把坚决维护习近平总书记党中央的核心、全党的核心地位，坚决维护党中央权威和集中统一领导作为出发点和落脚点，作为根本的政治纪律和政治规矩，对管党治党中的突出问题，特别是习近平总书记反复强调的"七个有之"问题作出更有针对性的规定，不断完善制度。

组织纪律，是指有关党的组织生活方面的行为准则。中国共产党是一个有着严密组织体系和高度组织性的党。党的组织纪律就是适应着党的组织工作的需要、规范党的组织工作的纪律。在实践中正是靠着党的组织纪律，才从根本上保证了我们的党始终成为统一的战斗整体。如果党员违反党的组织纪律，就必然受到党的纪律处分。《中国共产党纪律处分条例》对违反组织纪律行为作出了明确规定，对违反民主集中制原则行为、"七个有之"问题相关条款作了进一步充实完善，对各级党组织和广大党员坚持民主集中制原则、确保新时代党的组织路线的贯彻实施具有重要意义。

清正廉洁，是与贪污腐败相对立的一个概念。人所共知，贪污腐败是与权力密切关联的，即以公共权力谋取个人私利，是贪污腐败的基本特征。而党员领导干部正是手中掌握着党和国家实际权力的人，虽然党员领导干部与贪污腐败分子的身份、地位、名誉甚至政治结局截然不同，但二者之间并没有不可逾越的鸿沟。自古以来，没有哪一个腐败分子不

第九章　党的纪律

是手中曾经掌握权力的人。特别是在现实中，随着我们党反腐声势和力度的不断加大，一个又一个昨日还是党员领导干部的人，今日却涉嫌违纪违法而受到调查，而在其违纪违法的事实中几乎没有不包括贪污受贿、腐化堕落的。这样的严酷现实必须引起党员领导干部的高度警醒，以保持清正廉洁。《中国共产党纪律处分条例》对党员干部提出廉洁总体要求，规定"党员干部必须正确行使人民赋予的权力，清正廉洁，反对特权思想和特权现象，反对任何滥用职权、谋求私利的行为"[1]。

密切联系群众是我们党最大的政治优势，脱离群众是执政党最大的危险。我们党长期形成并保持的与人民群众的血肉联系，一方面来自党的高度自觉，另一方面来自党的纪律的高度约束。我们要继续保持党同人民群众的密切联系，除了使每个党员强化群众意识之外，也必须强化党的群众纪律。

工作纪律是指党员干部的工作面貌、工作态度。通俗地讲就是对自己应当做的工作必须在规定时间、按照规定标准认认真真地做，并力争做到最好。如果对自己应当做的工作没有做、自己应当在一定时间内做完的工作没有按时完成、自己应当做好的工作没有做好，就要相应地负起责任。因此，工作纪律也是一种责任意识，反映人对自身所承担的分内工作的一种精神面貌、工作姿态、思想境界，也是我们每个人为了事业而奋斗的思想基础。责任意识增强了，就能不忘重托，牢记职责，把精力和情感倾注在事业和岗位上；就能在工作中尽心尽力，尽职尽责，忠于职守，奋发有为。《中国共产党纪律处分条例》聚焦形式主义、官僚主义突出问题，把党章、准则等党内法规提出的要求凝练为纪律对违反工作纪律行为作出了规定。

---

[1]《中国共产党纪律处分条例》，中国方正出版社2023年版，第46页。

习近平总书记指出："从近年来查处的腐败案件看，家风败坏往往是领导干部走向严重违纪违法的重要原因。"[1] 党员干部生活作风从一个侧面反映着党及其成员的精神风貌，与学风、思想作风、领导作风、工作作风等一起构成党的整体形象。在改革开放和发展社会主义市场经济的条件下，切实加强党员干部的生活作风建设，更具有现实的针对性和重要的历史意义。如果党员干部生活作风上不检点、不正派，在道德情操上打开了缺口，出现了滑坡，那就很难做到清正廉洁，很难对社会风气起到正面引导和促进作用。生活纪律指党员干部在家庭和社会生活过程中应该遵守的纪律，《中国共产党纪律处分条例》对违反生活纪律行为作出规定，对配偶、子女及其配偶失管失教行为及其适用的处分种类和幅度。规定："党员领导干部不重视家风建设，对配偶、子女及其配偶失管失教，造成不良影响或者严重后果的，给予警告或者严重警告处分；情节严重的，给予撤销党内职务处分。"[2]

三、党的纪律处分

对犯有错误，违反党的纪律的党员，不论资历多老，职位多高，权力多大，都要以党的纪律为标准，真正做到在党纪面前所有党员和党的组织一律平等，没有特殊党员。任何人任何组织，不论有什么借口，只要违犯了党的纪律，就要受到党的纪律的惩罚，以维护党的纪律的严肃

---

[1] 中共中央党史和文献研究院编：《习近平关于注重家庭家教家风建设论述摘编》，中央文献出版社 2021 年版，第 55 页。

[2]《中国共产党纪律处分条例》，中国方正出版社 2023 年版，第 73 页。

性，增强党的纪律的威慑力。但是，党的纪律处分毕竟是关系党员政治生命的大问题，一定要严格按照纪律处分的原则、种类和程序，严肃进行，切不可有任何的主观随意性。

第一，党的纪律处分的原则。党的纪律处分的原则，是正确实施党的纪律处分的根本保证。在实践中总结多年来我们党的实践经验，实施党的纪律处分必须坚持以下两点。

一是坚持实事求是原则。对违纪党员实施党纪处分，一定要实事求是。即纪律处分一定要与违纪事实相吻合，既不能对违纪事实视而不见，也不能对违纪事实无中生有；纪律处分的轻重一定要与违纪情节的轻重相吻合，既不能量纪过轻，也不能量纪过重。为此，一定要实事求是地分析违纪党员犯错误的主客观原因和条件，反复核实材料，正确认定错误的性质和危害，以事实作为处分的依据，不能轻信口供，严禁逼、供、信。如果发现处理错了，要实事求是地加以纠正。如果发现处理依据失实，则应撤销处分。

二是实行"惩前毖后、治病救人"的方针。对违纪党员实施纪律处分的目的，是为了弄清思想，团结同志，纠正错误，减少损失。所以，对违纪党员要注重思想教育，严格执行党的政策，严禁残酷斗争，无情打击，严禁打击报复和诬告陷害。

第二，党的纪律处分的种类。对违反党的纪律的党员，依据其违纪情节的轻重，实施纪律处分的种类分为五种，即警告、严重警告、撤销党内职务、留党察看、开除党籍。

警告，是党内纪律处分中最轻微的处分。是对犯错误党员的一种告诫，使之注意和警惕。一般在工作上，由于经验不足或一时疏忽偶尔违犯党的纪律，或者错误虽属于思想品质方面，但错误性质和造成的后果又不严重的，可给予这种纪律处分。

严重警告，是对违反党的纪律的党员提出严重告诫。一般是党员所犯错误的性质和程度，比警告处分的要严重一些，但又构不成更严重的党内纪律处分的，可给予严重警告处分。

受警告和严重警告处分的党员，一年内不得在党内提拔职务或者进一步使用，也不得向党外组织推荐担任高于现职的党外职务或者进一步使用。

撤销党内职务，是对违纪错误性质严重，已不适宜继续担任党内领导职务的党员所实施的纪律处分。党内职务包括党支部、党总支和各级党委的书记、副书记、委员；党组书记、副书记及其成员；党的纪律检查委员会成员及在党委工作部门的领导职务。对在党内担任两个以上领导职务的，党组织在作处分决定时，应当明确是撤销其某个职务还是撤销其所有职务。如果决定撤销某个职务，则必须从其担任的最高职务开始依次撤销。对在党外担任领导职务的，党组织可以建议党外组织撤销其党外职务。受到撤销党内职务纪律处分的党员，或依照前款规定受到严重警告处分的，两年内不得在党内担任和向党外组织推荐担任与其原任职务相当或者高于原任职务的职务。

留党察看，是对严重违反党的纪律的党员作暂时留在党内，以察看其今后表现的纪律处分。留党察看分为留党察看一年、留党察看两年两种。对受到留党察看一年纪律处分的党员，可视其具体表现情况，决定是按时解除察看，还是再延长一年留党察看。留党察看的时间最长不得超过两年。党员在留党察看期间，没有表决权、选举权和被选举权。留党察看期间已改正错误的，期满后按期恢复党员的权利；坚持错误不改的，应开除党籍；又犯有其他受党纪处分错误的，也应当开除其党籍。受到留党察看纪律处分的党员，党内职务自然撤销。对在党外组织中担任领导职务的，党组织应当建议党外组织撤销其党外职务。受到留党察看纪律处分的党员，恢复党员权利两年内，不得在党内担任和向党外组织推荐担任与其原任职务相当或者高于原任职务的职务。

开除党籍，是指党员所犯错误严重违反党的纪律，以致被开除出党的纪律处分，是党内最高的处分。受到开除党籍纪律处分的党员，党内职务自然撤销，且五年内不得重新入党。

第三，对违纪党员实施党纪处分应履行的手续。党的纪律处分的手续，是使党的纪律处分有序进行，防止党的纪律处分主观性、随意化，避免错误行使纪律处分权的重要保证。因此，一定要严格执行党关于纪律处分程序和报批权限的规定。

一是对犯错误党员实施纪律处分前，要对违犯党纪的党员所犯错误进行调查核实，写出调查报告；与违纪党员谈话，听取违纪党员的说明和申辩；对违纪党员进行帮助和教育，在党小组范围内让党员了解违纪党员的错误事实，拿出对违纪党员实施纪律处分的初步意见。

二是召开支部党员大会，作出对违纪党员的纪律处分决定。支部大会讨论和作出对违纪党员的纪律处分决定时，应通知受处分党员出席会议，并允许其在会上对所犯错误进行检查。支部委员会提出初步处理意见，提交支部大会讨论。在讨论中违纪党员可以为自己申辩，其他党员也可为其辩护。纪律处分决定必须由到会的正式党员进行表决，受处分党员本人有表决权，可以投赞成票或不赞成票。

三是支部大会通过纪律处分决定后，应将处分决定和所依据的材料同受处分本人见面，并让其在处分决定上签署意见，然后按权限逐级上报。如违纪党员拒绝在处分决议上签署意见，支部仍可上报审批，但要注明这一情况。

四是给予撤销党内职务以上纪律处分以及本人对纪律处分有意见的，批准处分的党组织，应派人或委托下级纪律检查委员会同受处分党员谈话，听取本人对处理的意见，并对其进行教育。

五是上级党组织批准对违纪党员的处分，必须经过党委集体讨论决定。

六是上级党组织对违纪党员的纪律处分决定批复后，由支部在适当范围内宣布，并通知受处分党员。如果本人不服，可以申诉。

违纪党员受处分的时间，从上级党委或纪律检查委员会批准纪律处分之日起生效。

党章规定："坚持惩前毖后、治病救人，执纪必严、违纪必究，抓早抓小、防微杜渐，按照错误性质和情节轻重，给以批评教育、责令检查、诫勉直至纪律处分。运用监督执纪'四种形态'，让'红红脸、出出汗'成为常态，党纪处分、组织调整成为管党治党的重要手段，严重违纪、严重触犯刑律的党员必须开除党籍。"[1]党的二十大报告指出："全面加强党的纪律建设，督促领导干部特别是高级干部严于律己、严负其责、严管所辖，对违反党纪的问题，发现一起坚决查处一起。坚持党性党风党纪一起抓，从思想上固本培元，提高党性觉悟，增强拒腐防变能力，涵养富贵不能淫、贫贱不能移、威武不能屈的浩然正气。"[2] 2023年，中共中央办公厅、国务院办公厅印发了《关于建立领导干部应知应会党内法规和国家法律清单制度的意见》，并发出通知，要求各地区各部门结合实际认真贯彻落实。正如习近平总书记2024年初在二十届中央纪委三次全会上指出的，要"坚决清除党员、干部队伍中的害群之马，从严从实加强对党员、干部的管理监督，推动全面从严治党向纵深发展"[3]。

---

[1] 《中国共产党章程》，人民出版社2022年版，第28页。

[2] 习近平：《高举中国特色社会主义伟大旗帜 为全面建设社会主义现代化国家而团结奋斗——在中国共产党第二十次全国代表大会上的报告》，人民出版社2022年版，第68—69页。

[3] 《深入推进党的自我革命 坚决打赢反腐败斗争攻坚战持久战》，《人民日报》2024年1月9日。

第十章　党的建设的总体布局

　　2017年党的十九大提出了新时代党的建设的总要求。党的二十大从坚持和加强党中央集中统一领导，坚持不懈用习近平新时代中国特色社会主义思想凝心铸魂，完善党的自我革命制度规范体系，建设堪当民族复兴重任的高素质干部队伍，增强党组织政治功能和组织功能，坚持以严的基调强化正风肃纪，坚决打赢反腐败斗争攻坚战持久战等方面进行了布置。新时代，我们要按照党的十九大和党的二十大的要求，全面推进党的政治建设、思想建设、组织建设、作风建设、纪律建设，把制度建设贯穿其中，深入推进反腐败斗争，把党建设成为始终走在时代前列、人民衷心拥护、勇于自我革命、经得起各种风浪考验、朝气蓬勃的马克思主义执政党。

一、全面推进党的政治建设、思想建设、组织建设、作风建设、纪律建设

党的政治建设是党的建设的根本和灵魂。新时代党的建设需要以党的政治建设为统领,这是历史经验的总结。我们党作为马克思主义政党,历史和现实都要求把政治建设放在党的建设的首位。这是新时代中国特色社会主义党的建设新的伟大工程中首先要处理好的问题,体现了对党的建设规律和党的建设科学化的深刻把握。过去一段时间里,一些地方和部门党的领导弱化、党的建设缺失、全面从严治党不力,一些党员领导干部肆意违反政治纪律和政治规矩、对党不忠诚不老实,搞两面派、做"两面人",政治生态污浊。加强党的政治建设,就要严格遵守政治纪律和政治规矩、严格执行新形势下党内政治生活若干准则、完善和落实民主集中制的各项制度、不断提高政治觉悟和政治能力。要深入贯彻落实党的二十大对党的建设作出的战略部署,时刻保持解决大党独有难题的清醒和坚定,健全全面从严治党体系,以党的政治建设为统领,扎实推进党的各方面建设,推动新时代党的建设新的伟大工程向纵深发展。

注重思想建党、理论强党,是中国共产党的优良传统和独特优势。中国共产党发展100多年之所以能够历经艰难困苦而不断发展壮大,很重要的一个原因就是我们党始终保持统一的思想、坚定的意志、协调的行动、强大的战斗力。新时代,我们要赢得新的发展优势、战胜各种风险挑战、实现高质量发展,必须用习近平新时代中国特色社会主义思想武装全党,用这一创新理论统一思想、统一意志、统一行动,教育引导广大党员深刻领会、全面贯彻这一重要思想,并按照党中央的部

马克思主义党的建设基本原理

署，在全党深入开展学习贯彻习近平新时代中国特色社会主义思想主题教育，要科学谋划、精心组织，强化理论学习和运用，取得实实在在的成效。

党的组织建设是增强党的组织力量、维系党的组织形态的必然举措，主要包括组织路线制定、党内民主建设、干部队伍建设、组织体系建设、基层党组织建设、党员队伍建设、组织制度建设、组织纪律建设等多个方面的内容。严密党的组织体系承载着重大使命与时代责任。既要求中央带头走好"最初一公里"，也要求地方党委始终做好贯彻落实党中央决策部署的"中间段"，更要求广大基层党组织坚决贯彻落实好党中央决策部署的"最后一公里"。这就要求各级党组织必须以民主集中制为根本原则，不断推进党的组织体系建设。各级党组织要突出政治功能，增强组织功能。确保党组织始终提高政治领导力、思想引领力、群众组织力、社会号召力。

作风建设是党的建设的永恒主题。中国共产党的发展历程中，领导革命、建设、改革和新时代取得胜利和成就的经验中始终贯穿着加强党的作风建设的实践，都把建设党的事业与建设良好的作风紧紧地联系在一起。密切党同人民群众的血肉关系是加强党的作风建设的核心。纵观中国历史上的历朝历代兴衰史或是总结20世纪的苏共丢掉政权的教训，都可以得出保持党同人民群众的"鱼水关系"是多么的重要。要坚持以严的基调强化正风肃纪，持续深化纠治"四风"，大兴调查研究之风，大力弘扬求真务实、真抓实干的作风，真正做出经得起历史和人民检验的实绩。

加强纪律建设是全面从严治党的治本之策。党要管党、从严治党，靠什么管，凭什么治，靠的就是严明纪律。作为马克思主义政党，中国共产党是靠革命理想和铁的纪律组织起来的，组织严密、纪律严明是党的优良传统和政治优势，也是中国共产党拥有强大组织力量的根本保证。只有把纪律挺在前面，守住纪律这条底线，靠纪律全覆盖地管、全方位地治，从源头上阻断不正之风和腐败滋生的通道，才能维护好整个党内政治生态。在新时代，必须长期坚持且不断加强纪律建设，坚持思想教育，强化思想认识，树牢纪律意识，提高纪律自觉；坚持抓早、抓小、抓常相结合，力求防微杜渐、防患于未然；从教育、制度、执行、监督、评价等方面，构建党的纪律建设的良性运行机制，促使广大党员严格按纪律、按规矩办事，推动党的纪律建设不断取得新成效。

二、把制度建设贯穿党的建设的各方面

制度建设是贯穿党的建设总布局中的一项根本建设，其"根本性"体现在党内法规制度发挥着管根本、管长远、保全局、固稳定的作用。中国共产党的历史表明，党的事业和党的建设能够健康发展得益于高度重视党的制度建设，把制度建设贯穿于党的建设始终，才能不断提高党的建设质量。

党的十一届三中全会以来，我们逐步确立了党的制度建设的一系列方针原则，制定了诸如党的各级代表大会、党内选举、党的组织生活、集体领导和个人分工负责相结合、干部选举、招考、任免、考核、轮换、职务任期以及离休、退休、党的纪律、党内监督等制度，对巩固党的建设的各项成果起了重大的作用。而且党还强调，加强制度建设，一方面，要逐步建立完备的制度体系；另一方面，要严格执行各项制度，并加强监督和检查。如党的十一届五中全会通过了《关

马克思主义党的建设基本原理

于党内政治生活的若干准则》，恢复和加强了纪检监察制度建设，在党的制度建设上迈了一大步。这一阶段在党的制度建设史上，也有两个标志性的实践创新。一是废除领导干部职务终身制，作出了老干部退休制度的决定。党的十二大通过了设立中共中央顾问委员会的决定。为解决党的中央领导机构新老交替、废除领导职务终身制和实现干部年轻化，发挥了极其重要的作用。党的十三届四中全会以后，在邓小平理论的指导下，党的制度建设成为我们加强党的建设、改善党的领导的一条新思路，它不仅是党的建设的手段和途径，也是党的建设的目的和根本出路，这是党的十一届三中全会以来在党的建设方面的一大创造。二是党的十四届四中全会通过的《关于加强党的建设几个重大问题的决定》，提出了进一步贯彻执行民主集中制这一党的根本组织制度和领导制度。党的十六大报告第一次提出"一定要把思想建设、组织建设和作风建设有机结合起来，把制度建设贯穿其中"[1]。党的十七大报告首次提出党的"五大建设"，即"思想建设、组织建设、作风建设、制度建设和反腐倡廉建设"[2]。党的十七大以党章形式确立了"制度建设"在"新的伟大工程"中的"根本性"地位。党的十八大党章提出以改革创新精神全面推进党的建设新的伟大工程，整体推进党的思想建设、组织建设、作风建设、反腐倡廉建设、制度建设，全面提高党的建设科学化水平。党的十九大和党的二十大部分修改通过的党章规定，以党的政治建设为统领，全面推进党的政治建设、思想建设、组织建设、作风建设、纪律建设，把制度建设贯穿其中，深

---

[1] 《中国共产党第十六次全国代表大会文件汇编》，人民出版社2002年版，第48页。

[2] 《中国共产党第十七次全国代表大会文件汇编》，人民出版社2007年版，第140页。

入推进反腐败斗争。这凸显了制度建设在党的建设中的作用。

党的制度，即党内法规和制度是党在长期革命和建设实践中，以文件形态或习惯传统形态传承下来的，是各级党组织和全体党员共同遵守的办事规程和行为准则。我们通常把党的制度分为五大类型，即党的组织制度、领导制度、工作制度、生活制度和监督制度等。党的制度建设，是指通过完善党章和建立健全党内法规、准则、条例、规则、规定、办法、细则等，严格执行党的纪律，使党的工作和活动逐步实现规范化、科学化、制度化。

制度建设包括党的组织体制和活动机制的建设。组织体制和活动机制把党的组织和活动的诸要素，如党员、党的干部、各级组织、各种规定和要求等有机地连接起来，加以组合、协调，使组织能够像活的机体一样运作。一个组织的活动是否有效，能否达到目标，关键要看其体制和机制是否健全、科学。组织学原理告诉我们，即使构成党的组织和活动的要素完全相同，但如果要素之间的地位、关系、结构不同，这个组织的活动能力和活动效果就不一样，这说明了体制问题的重要性。由于我们过去对这一问题缺乏足够的认识，导致实践中长期忽视体制建设，使党内关系不正常，党的活动不正常，这对党的建设和党的领导产生了消极的影响。因此，党的制度建设的一项重要任务，就是健全、完善党的组织体制和活动机制，使之适应社会主义市场经济条件下党的领导和党的建设的要求。党的领导体制、党的代表大会制度、党内选举制度、干部制度、党内监督制度等，都应当进一步改进并逐步完善起来。

党的制度建设首先是强调把党章的各项制度规定落到实处。党章是党的根本大法，是全党必须遵循的总规矩。加强制度建设，是我们党坚持党要管党、从严治党的一条基本经验。没有规矩，不成方圆。要牢固

马克思主义党的建设基本原理

树立法律面前人人平等、制度面前没有特权、制度约束没有例外的观念，认真学习制度，严格执行制度，自觉维护制度。坚持党要管党、从严治党，首要的就是严格按照党章、党规办事。党的十八大闭幕不久，习近平总书记就对"认真学习党章，严格遵守党章"问题作了深入阐述，指出认真学习党章、严格遵守党章，是加强党的建设的一项基础性经常性工作。建立健全党内制度体系，要以党章为根本依据。各级党组织要引导广大党员、干部自觉学习党章、遵守党章、贯彻党章、维护党章。

党章在制度建设中之所以重要，是因为它规定了党的根本制度。党的根本制度及党的制度建设所依据的基本原则，是我们党在长期党的建设实践中逐渐形成的，是党的建设丰富历史经验的科学总结。这些制度和原则既由党的性质和目标所决定，又被实践所证明，对我们党的成长和发展壮大起过至关重要的作用。在新的历史时期，党所面临的环境和条件都发生了重大的变化，党的建设遇到一系列新情况新问题。但是，这些变化并不意味着党的性质和最终目标的改变。恰恰相反，党所担负的使命要求它更加明确地坚持自己的性质和目标。与此相关，根据党的性质和根本目标而形成的党的根本制度也是不能改变的。在党的制度建设中坚持党的根本制度，是我们党的性质的基本要求。那种认为时代已经变化，因而党的根本制度也必须改变的观点，是完全错误的。

民主集中制是我们党最重要的制度，是党的根本组织制度和领导制度，也是党的根本组织原则。这不仅因为民主集中制贯穿党的组织和党的活动的各个方面，体现在党的理论、路线、方针、政策的制定和实施的全过程中；而且因为民主集中制本身就包含着从基本原则、运行体制到具体制度的丰富内容。可以说，党的根本制度建设，主要就是民主集中制的建设。所以，党的制度建设首先是要坚持和完善民主集中制。要健全和认真落实民主集中制的各项具体制度，促使全党同志按照民主集中制办事，促使各级领导干部特别是主要领导干部带头执行民主集中制。要发扬党内民主，营造民主讨论的良好氛围，鼓励讲真话、讲实话、讲心里话，允许不同意见碰撞和争论，同时善于进行正确集中，防止议而不决、决而不行。

与根本制度和运行机制不同，党的具体制度是根据具体情况制定的。所以，当改革开放条件下具体情况不断发生变化的时候，党的具体制度也要根据形势，适时进行补充和调整。抓好各项具体制度的建设，不但能够及时地把各种新鲜经验以规范的形式确定下来，作为党的活动的依据，而且能够及时堵住各种漏洞，促进科学、有效的体制的建立。

加强党的制度建设是一项复杂的系统工程，它涉及党的建设及国家法治建设的各个方面。因此，推进党的制度建设必须积极而又稳妥，既要总结我们党的历史经验教训，又要结合改革开放的新实际；既要着眼于党内的实际情况，又要与国家法治建设互相衔接；既要勇于创新，又要脚踏实地。

应当指出，许多制度并非只与党的建设的一个方面有关，而是与几个方面有关。例如干部制度，干部的选拔是党的组织建设的重要内容，同时干部的学习、教育又是党的思想建设的重要方面，而干部联系群众、联系实际问题则和党风建设分不开。又如党内监督制度，自上而下的监督是要保证党的各项决策的顺利贯彻执行，而自下而上的监督是要体现民主，防止权力的滥用，它们既与党的政治建设有关，又与党的组织建设有关。

党的政治建设要保证党的路线、方针、政策的正确制定和贯彻、执行。为此，我们党也有相应的决策制度和实施制度。像党代表大会决定一切重大问题的制度、党内外民主协商的制度、集体作重大决策的制度、执行过程中的奖惩制度、保证监督制度等，都是党的政治建设的直接组成部分。

党的组织建设要保证党成为一个有战斗力的、能够达到自己既定目标的整体。这更需要有一系列的制度作保障。这方面的制度有：吸收党员入党的资格审查制度、介绍人制度、支部表决制度、组织生活制度、处理上下级间关系的规则、党代表大会制度、集体领导制度、党内选举制度、报告制度等。

党的作风建设也越来越多地要依靠党的制度建设。我们党在长期革命斗争和建设实践中形成了一系列优良的传统和作风。但是，后来这些传统和作风遭到破坏，一个重要的原因，就是没有用制度的形式把它们固定下来。党的十一届三中全会以后，我们党重视这一问题，在这方面做了大量的工作。一些有关的制度开始建立起来，例如民主评议党员制度、领导干部民主生活会制度、干部工资收入申报制度、党的纪律检查监督制度等。

纪律建设是维护党的团结统一、完成党的任务的重要保证。纪律建设是我们党的光荣传统和优势，毛泽东在党的六届六中全会上就提出，为使党内关系走上正轨，"还须制定一种较为详细的党内法规，以统一各级领导机关的行动"[1]。一个大党，靠什么管好自己的队伍，靠什么战胜风险挑战，除了正确的理论和方针政策外，必须靠严明规范和纪律。要把纪律建设摆在更加突出位置，坚持纪严于法、纪在法前，健全完善制度。党的十九大把纪律建设作为党的"五大建设"之一，更凸显了纪律建设在党的建设中的重要性。

---

[1] 《毛泽东选集》第2卷，人民出版社1991年版，第528页。

第十章　党的建设的总体布局

党的建设是一个系统工程，它包括政治建设、思想建设、组织建设、作风建设、纪律建设等各个方面。党的建设的不同方面是相互联系、相互制约和相互促进的。但是，各个方面的建设在党建这个大系统中的地位和作用，并不是完全相同的。制度问题更带有根本性、全局性、稳定性和长期性，加强党的制度建设意义重大。

在党的建设这个系统工程中，要正确认识和处理好思想建设与制度建设的关系。党的思想建设的任务是要努力提高全体党员的思想觉悟和政治素质，就要用马克思主义武装全体党员。为保证实现这一任务，我们党在思想建设实践中逐渐形成了党员学习、党员教育等制度，把广大党员、干部在实践中思想认识的不断提高同有组织、有目的的教育和培训有效地结合了起来。

制度治党是2014年10月8日习近平总书记在党的群众路线教育实践活动总结大会上的讲话中提出的要求。习近平总书记明确指出："坚持思想建党和制度治党紧密结合。从严治党靠教育，也靠制度，二者一柔一刚，要同向发力、同时发力。"[①]

把党的思想建设放在首位，是我们党一贯的政治优势，思想建设的重要性在任何时候任何情况下都不能低估。思想的统一是行动统一的前提和基础，思想的分歧是导致步调不一的真正隐患。相比较而言，制度建设解决的是运行程序的问题，其作用是有形的。而思想建设要解决的是人的素质问题，其作用是无形的。思想建设与制度建设所关注的是一个问题的两个方面，二者紧密相连、不可分割，理应相行相从、并驾齐驱。在高度重视和加强制度建设已成为全党上下共识的今天，没有任何理由轻视或排斥思想建设的独特功能。重要的反而在于如何适应

[①] 《十八大以来重要文献选编》（中），中央文献出版社2016年版，第94页。

新的形势去探索加强思想建设的新途径和新方法，改善目前的有些思想教育方法陈旧、措施不力、隔靴搔痒、不及要害的现状，重新焕发思想建设的活力和威力，赋予思想教育以新的内涵。因此，必须在提高党员干部思想素质上下真功夫，使之与制度建设相得益彰，为制度建设鼓足底气，增强后劲，保证制度建设始终不偏离党的建设的正确航标。

党的十九大报告指出："必须以党章为根本遵循，把党的政治建设摆在首位，思想建党和制度治党同向发力，统筹推进党的各项建设，抓住'关键少数'，坚持'三严三实'，坚持民主集中制，严肃党内政治生活，严明党的纪律，强化党内监督，发展积极健康的党内政治文化，全面净化党内政治生态，坚决纠正各种不正之风，以零容忍态度惩治腐败，不断增强党自我净化、自我完善、自我革新、自我提高的能力，始终保持党同人民群众的血肉联系。"[1] 2018年在十九届中央纪委二次全会上，习近平总书记进一步提出"坚持思想建党和制度治党相统一"[2]。他总结党的十八大以来全面从严治党的经验时指出："我们以党章为根本遵循，兴利除弊，破立并举，与时俱进推进制度改革创新，把管党治党创新成果固化为法规制度，组织制定修改九十多部党内法规，管党治党的'螺栓'越拧越紧。"[3]。他强调："要尊崇党章、依规治党，把制度建设贯穿到党的各项建设之中，不断扎紧制度笼子，督促全党同志加强党性锻炼，更加自觉地为实现新时代党的历史使命不懈奋斗。"[4]

---

[1] 《十九大以来重要文献选编》（上），中央文献出版社2019年版，第18页。
[2] 《十九大以来重要文献选编》（上），中央文献出版社2019年版，第188页。
[3] 《十九大以来重要文献选编》（上），中央文献出版社2019年版，第188页。
[4] 《十九大以来重要文献选编》（上），中央文献出版社2019年版，第189页。

三、深入推进反腐败斗争

中国共产党在 100 多年的历史实践中，始终把党风廉政建设和反腐败斗争作为重要任务来抓。以毛泽东同志为核心的党的第一代中央领导集体就形成了丰富的反腐倡廉思想，开展了有效的反腐倡廉实践。特别是改革开放 40 多年来，我们党更是在反腐倡廉建设上不断实现理论和实践创新。正如习近平总书记所指出的："以邓小平同志为核心的党的第二代中央领导集体、以江泽民同志为核心的党的第三代中央领导集体、以胡锦涛同志为总书记的党中央始终把党风廉政建设和反腐败斗争作为重要任务来抓，旗帜是鲜明的，措施是有力的，成效是明显的，为保持和发展党的先进性和纯洁性发挥了重大作用，为我们党领导改革开放和社会主义现代化建设提供了有力保证。"[1]

党的建设历来是同党的历史任务、同党为实现这些任务而确立的纲领、路线联系在一起的。中国共产党在长期革命和建设实践中探索出来的一个党的建设的基本经验就是党的建设必须紧紧围绕和服务党领导的伟大事业来进行。在我们党的历史上，靠从严治党、从严惩腐换来党风的优良和干部的廉洁，已经是一条十分成功的经验。

改革开放以来，我国发展面临的机遇前所未有，面对的挑战也前所未有。同样，在我们党处于执政地位并将长期执政的历史条件下，建设什么样的执政党、怎样建设执政党，始终是一个重大理论和实践课题。在看到成绩的同时，我们必须看到，面对世情、国情、党情的深刻变化，

---

[1] 《习近平谈治国理政》第 1 卷，外文出版社 2018 年版，第 385 页。

精神懈怠危险、能力不足危险、脱离群众危险、消极腐败危险更加尖锐地摆在全党面前，从思想建设层面看表现为一些党员、领导干部信仰迷茫、精神迷失。从组织建设层面看表现为一些党员、领导干部缺少组织意识、纪律意识和规矩意识。无论是党员干部队伍管理还是党员干部自身，都存在不严、不实的问题，失之于宽、失之于软、失之于虚的现象比较严重。从作风建设层面看表现为腐败现象严重。当然，如果从政治学的意义上讲，党的作风和腐败是两个范畴的问题。党的作风是党的性质的外部表现，而腐败的实质是权力的滥用。但在实践中，作风和腐败又是联系在一起的问题，滥用权力本身就是作风不正的表现。官场的腐败是历代封建王朝垮台的重要原因之一。

腐败是社会的毒瘤。为政清廉才能取信于民，秉公用权才能赢得人心。改革开放以来，随着市场经济的发展，人们对物质利益的重视程度不断提高，但在推动经济发展的同时也刺激了一些人唯利是图的思想，引发了见利忘义的行为。以权谋私属于不正之风，而以权谋私发展到一定程度就是腐败。党内虽然没有人明目张胆地兜售"腐败有益论"，但在反腐败问题上却有一些不同的认识，有的人认为反腐败查下去会打击面过大，影响经济发展；有的人认为反腐败会让干部变得缩手缩脚、明哲保身，不愿意干事。这些思想认识上的问题不解决，不但影响反腐败的成效，还会影响广大人民群众对我们党的看法，从根本上会影响党群关系和党的执政地位。

在以习近平同志为核心的党中央持续努力下，党的十八大以来，全党锲而不舍落实中央八项规定精神，抓住管党治党"牛鼻子"，严明政治纪律和政治规矩，净化党内政治生态，始终保持惩治腐败高压态势，持续形成强大威慑。正如党的十九大报告指出的："党内政治生活气象更新，党内政治生态明显好转，党的创造力、凝聚力、战斗力显著增强，党的团结统一更加巩固，党群关系明显改善，党在革命性锻造中更加坚强，焕发出新的强大生机活力，为党和国家事业发展提供了坚强政治保证。"①

党的十九大后，习近平总书记从历史和现实的维度，从世情、国情、党情不断变化的角度，论述了党风廉政建设和反腐败斗争面临的新情况新问题。他指出："当前，改革发展稳定任务之重、矛盾风险挑战之多、治国理政考验之大都是前所未有的。我们要赢得优势、赢得主动、赢得未来，必须不断提高运用马克思主义分析和解决实际问题的能力，不断提高运用科学理论指导我们应对重大挑战、抵御重大风险、克服重大阻力、化解重大矛盾、解决重大问题的能力，以更宽广的视野、更长远的眼光来思考把握未来发展面临的一系列重大问题，不断坚定马克思主义信仰和共产主义理想。"②他在2019年初中央举办的省部级主要领导干部专题研讨班上强调："面对波谲云诡的国际形势、复杂敏感的周边环境、艰巨繁重的改革发展稳定任务，我们既要高度警惕'黑天鹅'事件，也要防范'灰犀牛'事件；既要有防范风险的先手，也要有应对和化解风险挑战的高招；既要打好防范和抵御风险的有准备之战，也要打好化险为夷、转危为机的战略主动战。"③

2019年6月开始，在全党自上而下分两批开展"不忘初心、牢记使命"主题教育。习近平总书记2019年5月31日在"不忘初心、牢记使命"主题教育工作会议上要求广大党员干部清正廉洁作表率，广大党员干部保持为民务实清廉的政治本色，自觉同特权思想和特权现象作斗争。

---

① 《十九大以来重要文献选编》（上），中央文献出版社2019年版，第6页。
② 《十九大以来重要文献选编》（上），中央文献出版社2019年版，第433页。
③ 中共中央党史和文献研究院编：《习近平关于防范风险挑战、应对突发事件论述摘编》，中央文献出版社2020年版，第213—214页。

这就要求我们要以反腐败永远在路上的坚韧和执着，深化标本兼治，坚决清除一切腐败分子，保证干部清正、政府清廉、政治清明，为继续推进改革开放营造海晏河清的政治生态。办好中国的事情关键在党，关键在坚持党的领导和加强党的建设。

习近平总书记对下一阶段党风廉政建设和反腐败斗争提出了要求，强调党的十八大以来我们以霹雳手段惩治腐败，党的十九大后仍然要一刻不停歇深入推进反腐败斗争，激浊扬清、固本培元，不断深化标本兼治。"要坚持无禁区、全覆盖、零容忍，坚持重遏制、强高压、长震慑，坚持受贿行贿一起查，坚决减存量、重点遏增量，重点查处政治问题和经济问题相互交织形成利益集团的腐败案件；不收敛、不收手，问题线索反映集中、群众反映强烈，现在重要岗位且可能还要提拔使用的领导干部；重要领域和关键环节的腐败问题。对有政治、组织、廉洁问题反映的必查必核。"[①]反腐败斗争永远在路上，不能有任何喘口气、歇歇脚的念头。

一个政党，一个政权，其前途命运取决于人心向背。人民群众反对什么、痛恨什么，我们就要坚决防范和纠正什么。我们要不忘初心、牢记使命，算好反腐败斗争这笔再明白不过的政治账、人心向背的账，凝聚起全体党员和全体人民的最大力量源泉。

总之，党的十八大以来，以习近平同志为核心的党中央，继承了我们党始终重视党风廉政建设和反腐败斗争的光荣传统，对新形势下的党风廉政建设和反腐败斗争提出了新要求，作出了新部署，取得了新成就，彰显了我们党深入开展党风廉政建设和反腐败斗争的决心和勇气，增强了人民群众对党的信任和支持，使"不敢腐的目标初步实现，不能腐的

[①] 《十九大以来重要文献选编》（上），中央文献出版社2019年版，第197—198页。

笼子越扎越牢，不想腐的堤坝正在构筑，反腐败斗争压倒性态势已经形成并巩固发展"[1]。

党的二十大指出："我们党作为世界上最大的马克思主义执政党，要始终赢得人民拥护、巩固长期执政地位，必须时刻保持解决大党独有难题的清醒和坚定。经过十八大以来全面从严治党，我们解决了党内许多突出问题，但党面临的执政考验、改革开放考验、市场经济考验、外部环境考验将长期存在，精神懈怠危险、能力不足危险、脱离群众危险、消极腐败危险将长期存在。全党必须牢记，全面从严治党永远在路上，党的自我革命永远在路上，决不能有松劲歇脚、疲劳厌战的情绪，必须持之以恒推进全面从严治党，深入推进新时代党的建设新的伟大工程，以党的自我革命引领社会革命。"[2]中华民族伟大复兴，绝不是轻轻松松、敲锣打鼓就能实现的。今天，团结带领全国各族人民全面建成社会主义现代化强国、实现第二个百年奋斗目标，以中国式现代化全面推进中华民族伟大复兴，需要我们不断加强党的建设，敢于直面问题，勇于自我革命，不断清除一切损害党的先进性和纯洁性的因素，不断清除一切侵蚀党的健康肌体的病毒，确保党在新时代坚持和发展中国特色社会主义的历史进程中始终成为坚强领导核心。

---

[1]《十九大以来重要文献选编》（上），中央文献出版社2019年版，第6页。
[2] 习近平：《高举中国特色社会主义伟大旗帜　为全面建设社会主义现代化国家而团结奋斗——在中国共产党第二十次全国代表大会上的报告》，人民出版社2022年版，第63—64页。

后　记

马克思主义党的建设基本原理，追根溯源来自马克思主义关于政党建设的思想，尤其是来自《共产党宣言》中关于无产阶级政党建设的思想。从《共产党宣言》发表到今天，170多年过去了，马克思主义党的建设思想不断得到丰富和发展，但其最基本的原理还是要在马克思主义经典作家的阐述中找根据。

本书从党的性质、党的奋斗目标、党的指导思想、党的宗旨、党的纲领、党的组织、党员、党的干部、党的纪律等方面阐述了党的建设的基本原理。党的建设是实践性很强的科学，我们要通过对党的建设基本原理的学习，深刻感悟和把握马克思主义政党建设的思想，推进新时代党的建设新的伟大工程。

作者

2024年3月